항복하라

항복하라

2023년 2월 1일 교회인가
2023년 4월 20일 1판 1쇄 발행
2024년 3월 15일 1판 5쇄 발행

지은이 | 래리 리처즈
옮긴이 | 이현주
펴낸이 | 이순규
펴낸곳 | 바오로딸

01166 서울 강북구 오현로7길 34
등록 | 제7-5호 1964년 10월 15일
전화 | 02) 944-0800 팩스 | 987-5275

취급처 | 중앙보급소
전화 | 02) 984-3611 팩스 | 984-3612
ⓒ 바오로딸·2023 FSP 1612
성경·전례문·교회문헌 ⓒ 한국천주교중앙협의회, 2023.

값 13,000원

이메일 | edit@pauline.or.kr
인터넷 서점 | www.pauline.or.kr 02) 944-0944
ISBN 978-89-331-1504-6 03230

Surrender! The Life-Changing Power of Doing God's Will
Copyright © 2011 by Fr. Larry Richards.
Published by Our Sunday Visitor Publishing Division,
Our Sunday Visitor, Inc.
All rights reserved

Korean translation copyright © 2023 by Pauline, Seoul

이 책은 저작권법에 의해 보호를 받는 저작물이므로 무단 전재와 복제를 금합니다.

항복하라

래리 리처즈 지음 | 이현주 옮김

바오로딸

| 머리말 |

항복하라! 여러분도 이 말이 싫겠지만 나도 그렇다. 점령당하고 패배하고 절망으로 가득 찼을 때라면 더욱 그렇다. 하지만 안심하시라. 그런 뜻으로 말하려는 게 아니니까. 이 책에서 말하는 항복은 우리를 사랑하시어 당신 생명을 주시는 한 분 하느님께 우리 삶을 내어맡긴다는 뜻이다. 나는 이 말을 예수님과 같은 뜻으로 쓴다. 그분은 "친구들을 위하여 목숨을 내놓는 것보다 더 큰 사랑은 없다"요한 15,13고 하셨다. 예수님은 항복의 본보기시다. 그분이 우리에게 모든 것을 주셨으니 우리도 같은 방식으로 보답해야 한다. 그분이 시작하시고 우리가 응답하는 것이다.

한번은 앨라배마주 모빌에 있는 한 성당에서 오전 6시 30분에 삼백 명 정도의 남성들에게 강연을 했다. 그들은 나에게 남성의 영성male spirituality에 관해 들으려고 온 사람들이었다. 늘 그렇듯이 나는 다른 말을 하기 전에 먼저 하느님께 항복해야 한다고 했다. 강연이 끝나고 질의응답 시간에 한 남자가 물었다. "신부님, 왜 우리가 전적인 항복에 대한 얘기를 좀 더 자주 듣지 못하는 걸까요?" 순간 나는 어떻게 대답해야 할지 몰랐다. 그런 질문을 받는 경우는 드물었으니까. 나는 대부분 사람들이 항복 또는 내어맡긴다는 말에 겁을 먹는 것 같다고 대답했다. 항복하면 모든 것을 잃을까 봐 그것이 겁나는 거라고.

또 사실이 그렇지 않은가!

내 방식이 아니라 하느님 방식으로 살려고 마음먹는다면 내 방식을 포기해야만 하고 하느님의 방식이 더 낫다는 것을 믿어야 한다. 나는 내 영적 지도자가 한 말을 자주 인용한다. 그것은, 지옥에 있는 이들의 주제가는 '나는 내 식대로 했다'(I did it my way, 프랭크 시나트라의 히트곡 <마이 웨이> 중 일부)라는 것이다. 프랭크 시나트라의 팬들을 불편하게 만들겠다는 건 아니지만, 이 말은 옳다! 우리는 너무나 자주, 우리가 가장 잘 알고 있고, 그래서 하느님과 세상이 우리 방식대로만 하면 모든 게 잘 풀릴 거라고 생각한다.

하느님께서 승낙하지 않으시면 우리는 숨도 쉴 수 없다. 우리는 대단히 의존적인 존재들이다. 이토록 간단하다. 지금 당장이라도 하느님은 우리의 숨을 거둬가실 수 있고, 그러면 끝이다. 그러니 우리는 그분을 신뢰해야 한다. 그분이 우리를 사랑하시고 우리가 행복하기를 우리보다 더 바라신다는 사실을 알아야 한다.

옛날 교리서인 「볼티모어 교리서」*The Baltimore Catechism*, 1891 6항은 이렇다. "하느님이 우리를 지으신 이유는 무엇인가?" "우리가 세상에서 그분을 알고 사랑하고 섬김으로써 하늘나라에서 영복을 누리기 위함입니다." 하느님은 우리가 우리를 사랑하는 것보다 더 우리를 사랑하신다. 여러분은 그것을 믿는가? 그렇게 믿고 사는가?

이 책의 목적은 여러분이 하느님과 그분의 뜻에 날마다 항복할 수 있도록 도와주려는 데에 있다. 여러분의 자유의지를 포기하고 사이비종교 신자처럼 되라는 게 아니다. 하늘에 계신 아버지 하느님 뜻에 여러분의 뜻을 기꺼이 내어드리라는 거다. 예수께서 우리에게 모범을 보이셨다. 그분은 평생 말씀하셨다. "내가 아버지를 사랑한다는 것과 아버지께서 명령하

신 대로 내가 한다는 것을 세상이 알아야 한다." 요한 14,31

우리의 항복은 이슬람교에서처럼 수동적인 포기가 아니다. '이슬람'이란 말 자체가 '복종'을 뜻하지만 그 의미가 실제 삶에서는 소극적으로 작용할 뿐이다. 알라가 원하시면 그렇게 하는 것이다. 내가 의미하는 항복의 예는 성모 마리아에게서 볼 수 있다. "저는 주님의 종입니다. 말씀하신 대로 저에게 이루어지기를 바랍니다." 피앗fiat! 이것은 무슨 일이 일어나든지 그냥 받아들이겠다는 뜻이 아니다. 마리아의 '피앗'은 하느님 뜻대로 살겠다는 적극적 원의다. 하느님이 마리아를 통해 이루시려는 일을 기꺼이 하겠다는 의지의 표명이다. 우리 또한 마땅히 그래야 한다. 마리아께서 하느님의 뜻에 "예"라고 하셨기에 세상에 구원이 왔다. 우리가 하느님의 뜻에 "예"라고 할 때도 같은 일이 일어난다. 우리 가족, 세계, 우리 자신을 위한 구원의 도구가 되는 것이다.

항복하는 것은 사랑하는 것이다. 두려워서, 무슨 이득을 보려고 항복하는 게 아니다. 영생으로 가는 길에 사랑 어린 초대를 받고 응하는 거다. 그것은 생명을 주는 항복이다. 궁극적 포기고, 중요하고 유일한 포기다. 이제부터 하느님의 뜻을 알고 그 뜻대로 살기 위하여 이 사랑 어린 항복의 길을 탐색해 보기로 하자.

    아버지 뜻에 날마다 항복할 때, 우리는 우리를 위해 당신을 완전히 내어주신 유일한 분께 자신을 온통 내어드리는 기쁨을 맛보게 되고 우주의 하느님과 맺어지는 사랑과 신뢰의 관계로 들어갈 것이다. 그러니 겁내지 마라. 오직 믿고 의지하라. 그분은 우리를 버리거나 떠나지 않겠다고 약속하셨기 때문이다. 우리를 이끌고 인도하시며 평화를 주겠다고 약속하셨다.

    준비되었는가?

    기대하시라!

    하느님이 여러분을 위해 큰 계획을 세우셨다.

    자, 어디 한번 항복해 보자!

차례

머리말 • 4

1장 항복하고, 하늘나라에 가라! • 11
2장 항복하고, 큰 사랑꾼이 되라! • 53
3장 항복하고, 자유로워져라! • 101
4장 항복하고, 예수님의 아이콘이 되라! • 137
5장 항복하고, 하느님 음성을 들어라! • 173
6장 항복하고, 하느님의 뜻을 발견하라! • 209
7장 항복하고, 하느님의 뜻을 살라! • 243

1장

항복하고,
하늘나라에 가라!

"세상 창조 이전에 그리스도 안에서 우리를 선택하시어, 우리가 당신 앞에서 거룩하고 흠 없는 사람이 되게 해주셨습니다. 사랑으로 예수 그리스도를 통하여 우리를 당신의 자녀로 삼으시기로 미리 정하셨습니다. 이는 하느님의 그 좋으신 뜻에 따라 이루어진 것입니다." 에페 1,4-5

하느님은 여러분이 하늘나라에 있기를 바라신다. 정말 굉장한 생각 아닌가? 하느님은 여러분이 연옥에 가는 것을 원하지 않으신다. 하느님은 여러분이 하늘나라에 가기를 원하신다. 여러분과 나에 대한 하느님의 궁극적인 뜻은 하늘나라에서 당신과 함께 영원히 사는 것이다. 그분은 우리를 영원히 사랑하시고, 우리가 당신과 함께 영생을 누리기를 바라신다. 이것이 하느님께서 원하시는 바다. 나와 여러분을 창조하신 것도 바로 그 때문이다. 이것이 그분의 궁극적인 뜻임을 깨치면 모든 게 거기에서 비롯된다는 것을 알게 될 것이다.

2티모 1,9에 이런 말씀이 있다. '하느님께서는 우리의 행실이 아니라 당신의 목적과 은총에 따라 우리를 구원하시고 거룩히 살게 하시려고 우리를 부르셨습니다. 이 은총은 창조 이전에 그리스도 예수님 안에서 이미 우리에게 주신 것입니다.' 구원받는다는 것은 궁극적으로 하늘나라에 간다는 것을 뜻한다. 레옹 블루아는 *La Femme pauvre*(가난한 여인, 1897)에서 이렇게 말한다. "유일한 비극은 성인이 되지 못한 것이다." 똑같은 말을 나는 이렇게 한다. "성인이 되든지 지옥에 가든지 그것은 네 선택이다." 우리가 살면서 하느님의 뜻을 알고 그대로 사는 데 대한 논의는 여기서부터 시작할 수 있다. 여러분과 나는 하늘나라를 위해 창조되었다. 여러분과 내가 하느님과 함께 영원토록 사는 것이 하느님의 지극하신 뜻이다. 우리는 그분의 뜻에 협력하기 위해 있는 힘을 다 쏟아야 한다.

"성인이 되든지 지옥에 가든지 그것은 네 선택이다." (요점을 강조하기 위해 거듭 말한다.)

한번은 노바스코샤주 핼리팩스에서 천 명 가량 되는 젊은이에게 강연할 기회가 있었다. 나는 그날의 첫 번째 연사였다. 개막미사 때 여섯 명의 주교님들이 내 뒤에 앉아있었다. 내가 강론대에 서서 천 명이나 되는 젊은이들에게 말했다. "여러분, 여러분은 둘 중 하나를 선택해야 합니다. 그것은 성인이 되느냐, 지옥에 가느냐입니다." 그날 주교님들 표정을 여러분이 봤어야 하는데…. 그들은 처음에는 무슨 엉뚱한 소린가 뜨악한 표정으로 쳐다보다가 내가 우리 모두 성도로 부르심을 받았다고 설명하자 내심 안도하는 눈치였다. 지금 이 책을 읽고 있는 여러분도 마찬가지다. 하느님은 여러분이 거룩하게 되기를 바라신다. 여러분이 그분께 관심을 기울일 수만 있다면 나는 뭐든지 할 것이다.

지금 당장 여러분은 하느님의 뜻을 이루겠다고 결심해야 한다. 하느님은 언제 어디서나 당신 힘으로 우리를 구원하시어 하늘나라에 들게 하려고 하셨다. 그분은 우리 모두를 위해 당신 아드님까지 내어놓으셨다. 또한 여러분과 나에게 자유의지를 선물로 주시어 우리가 당신을 선택하느냐 마느냐를 결정하게 하셨다. 이 선택은 우리의 몫이고 영원한 것이다. 에페 1,4-5에 이런 말씀이 있다. "세상 창조 이전에 그리스도 안에서 우리를 선택하시어, 우리가 당신 앞에서 거룩하고 흠 없는 사람이 되게 해주셨습니다. 사랑으로 예수 그리스도를 통하여 우리를 당신의 자녀로 삼으시기로 미리 정하셨습니다. 이는 하느님의 그 좋으신 뜻에 따라 이루어진 것입니다."

그러므로 우리를 위한 하느님의 특별한 뜻을 말하기 전에 그분의 보편적인 뜻을 알아볼 필요가 있다. 다시 말해 하느님의 보편적인 뜻은 우리가 구원받고 거룩해져서 하늘나라에 가는 것이다. 다른 것은 모두 부차적이다.

1티모 2,4-5에서 바오로 사도는 이렇게 말한다. "하느님께서는 모든 사람이 구원을 받고 진리를 깨닫게 되기를 원하십니다. 하느님은 한 분이시고…" 하느님은 우리 모두가 당신과 함께 하늘나라에서 살기를 원하신다.

하느님은 우리를 구원하기 위해 하지 않은 일이 없으시다. 이 사실을 마음 깊이 새겨두자. 하느님은 우리를 구원하기 위해 하지 않은 일이 없으시다!

그런데 그 일을 누가 망쳐놓는가? 우리다. 우리가 하느님의 뜻을 거역해서다. 우리는 우리를 위한 하느님의 뜻에 협조하지 않는다. 알다시피 하느님 뜻을 거역할 때 우리는 영적으로 스스로를 죽이게 된다. 그건 자기 파멸적 행위다. 아담과 하와가 그 첫 번째 사람들이었다. 그들이 하느님 뜻이 아니라 자기 뜻대로 할 것을 결심했고, 하느님께 순종하지 않았을 때 죽음이 그들에게 왔으며, 그들과 온 세상에 고통이 왔다. 우리도 하느님 뜻을 거역할 때 스스로 우리 자신을 죽이게 된다.

우리를 향한 하느님의 뜻에 순종할 때 우리는 영생의 길로 들어선다. 우리가 원한다면 하느님은 뭐든지 다 하신다. 우리를 창조하시고, 우리를 위해 죽으신다. 우리 구원을 위해 값을 치르신다.

하느님이 우리를 사랑하시니 겁내지 않아도 된다. 성경은 하느님을 두려워하는 것이 지혜의 근본이라고 말한다. 하지만 그 두려움은 공포가 아니라 경외심이다.

여러분은 해돋이를 보며 그 아름다움에 입을 다물지 못한 적이 있는가? 방금 태어난 아기를 보면서 저도 모르게 '와!' 하고 감탄한 적이 있는가? 그러한 것이 주님을 향한 두려움이다. '당신이 하느님이시고, 저는 아닙니다. 당신을 경외합니다'라는 깨달음이다.

예수님은 이 점에서 더없이 훌륭한 모범이시다. 그분은 당신 아버지를 두려워하지 않으셨다. 그분은 아버지를 경외하고 사랑하셨다. 그분은 당신의 인성人性 안에서 아버지께서 당신보다 크시다는 걸 아셨고, 신뢰하기에 모든 것에서 그분께 순종하셨다. 그분은 한 번도 겁에 질린 적이 없으셨다. 만약에 여러분과 내가 하느님을 두려워하며 살아간다면 그것은 비참한 일이며 그분이 바라시는 삶이 아니다.

요한 복음사가의 말을 기억하자. "두려워하는 이는 아직 자기의 사랑을 완성하지 못한 사람입니다." 1요한 4,18 우리가 사랑 안에 머무르면 모든 두려움을 물리칠 수 있다. 우리가 하느님에 대하여 말하는 것은 그분과 하나 되려는 소망을 말하는 것이다. 그분께 대한 우리의 믿음과 그분이 우리를 사랑하심을 믿는다는 것이다.

내가 쓴 책 *Be a Man*(사나이가 되라)을 읽은 사람들은 그 책에서 어느 장章이 가장 중요하냐고 묻는다. (그들은 속으로 내가 '회개'를 다룬 3장을 말하리라고 짐작하지만.) 나는 늘 2장, '하느님의 사랑받는 아들임을 아는 사나이가 되라'가 가장 중요하다고 대답한다. 여러분은 회개하기 전에, 다른 길을 걷기 전에 먼저 자신이 하느님의 사랑받는 자녀임을 알아야 한다. 여러분이 하늘에 계신 아버지에게 사랑받고 있다는 사실을 알아야 한다는 것이다.

어려서 우리는 무슨 잘못을 저지르면 하느님이 "이놈! 내 그럴 줄 알고 기다렸다"라고 하면서 혼내신다고 생각했다. 그러면 우리는 이렇게 말했다. "예, 죽을 죄를 지었습니다." 그게 우리가 아는 하느님의 모습이었다. 얼마나 잘못된 이미지인가!

여러분은 아이가 걸음마를 배우다가 넘어졌다면 "이리 와, 이 바보야. 여태 걷지도 못하다니, 다시 서서 걸어!"라고 소리치겠는가? 아마 아닐 거다. 안 그런가? (정말 그런다면 여러분은 어딘가 잘못된 사람이다.) 하느님도 마찬가지다. 하느님은 우리가 넘어지면 당신 뜻을 따르려다 그런 줄 아시기에 오히려 기뻐하신다. 우리가 열심히 그분 뜻을 따르려고 애쓰는 한, 그분은 우리를 사랑하고 기뻐하신다.

우리는 그분의 사랑받는 자녀다.
여러분은 그분의 사랑받는 자녀다.

이 말은, 우리가 바뀌지 않아도 된다는 뜻이 아니다. 우리는 바뀌어야 한다. 맞다! 우리는 여전히 이기적이다. 나밖에 모른다. 나도 그렇다. 그러니 바뀌어야 하는 게 당연하다. 나도 지옥에 갈까? 물론이다, 내 방식대로 살기를 고집한다면. 마땅히 두려움을 느껴야 한다. 왜냐하면 나를 사랑하시는 하느님께서 마지막 날 내가 원하는 것을 주실 텐데, 내가 원하는 것이 그분이 아니라면 나는 지옥으로 갈 게 뻔하니 말이다.

하지만 그건 하느님이 바라시는 게 아니다. 우리도 그걸 바라지 않는다. 교회의 가르침은 언제나 분명하다. 하늘나라를 향한 걸음은 지옥에 대한 공포로 시작할 수도 있지만 우리는 그런 생각을 뛰어넘어야 한다. 예컨대, 자녀들이 부모가 무서워서 순종한다면 그건 실패한 부모다. 우리 집 개는 벌 받는 게 무서워서 내가 시키는 대로 한다. 자녀와 개는 다르다. 우리는 하느님의 사랑받는 자녀들이다.

우리는 두려워하지 않아도 된다. 하느님은 우리가 서로 사랑하는 것보다 더 많이 우리를 사랑하신다. 우리는 그분께 맡기고 믿기만 하면 된다. 때로 짙은 어둠이 우리를 감싸고 있어서 그렇게 하는 것이 어려울 수도 있다. 하지만 우리는 불난 집 삼 층에 갇힌 아이처럼 아버지를 믿으라는 부르심을 받았다. 우리 스스로는 벗어날 수 없다. 그때 연기 자욱한 아래에서 소리쳐 부르는 아버지의 외침이 들린다. "겁내지 말고 뛰어내려. 내가 받아줄 테니." 구원받으려면 뛰어내려야 한다. 아니면 죽는다. 하느님이 우리를 구원하시고자 당신 아들까지 죽게 하셨으니 우리는 다만 그분께 항복할 따름이라는 것을 받아들이기 위해 최선을 다해야 한다.

여기서 하나 분명히 짚고 넘어가야 할 것이 있다. 우리는 지금, 우리가 어떤 노력을 하고 그 결과로 얻게 되는 구원을 말하는 것이 아니다. 그것은 예수께서 우리를 위해 십자가에서 이루신 일에 결부되어 오는 구원이다. 우리는 은총으로 이미 구원받았다. 하지만 우리는 그 은총에 협력해야 한다.

우리가 하느님 앞에 섰을 때 그분께서, "내가 왜 너를 하늘나라로 보내야 하지?" 하고 물으시면 답은 하나뿐이다. "예수 그리스도께서 내 죄를 대신하여 돌아가셨기 때문입니다." 하느님이 여러분에게 "그걸 증명해 보아라" 하시면, 여러분은 여러분이 살아온 내력을 보여드려야 한다. 하지만 거듭 말한다, 구원은 하느님의 은총이다. 모든 그리스도인이, 가톨릭이든 개신교든 간에, '나 같은 죄인 살리신 주 은혜 놀라워…'라는 <어메이징 그레이스>를 부르는 이유가 여기에 있다. 우리 모두 은총으로 구원받았기에, 만일 우리가 하느님께 계속 협력한다면 나 같은 죄인도 성인이 될 것이다.

하느님께 항복할 때, 우리는 그분의 거룩하심 안에서 성장할 수 있다. 거룩한 것은 우리의 존재이지 행위가 아니다. 이는 반드시 알아야 할 매우 중요한 진실이다. 우리가 거룩한 이유는 착한 사람들이라서가 아니라, 세례를 받았고 하느님을 위해 성별되었고 하느님이 우리 안에 사시기 때문이다. 물론 이것도 교회의 가르침이다. 앞에서 언급한 「볼티모어 교리서」 1권, 1장, 6항.

> 문: 하느님이 우리를 지으신 이유는 무엇인가?
> 답: 우리가 세상에서 그분을 알고 사랑하고 섬김으로써 하늘나라에서 영복을 누리기 위함입니다.

하느님께서는 하늘나라에서 영원한 기쁨을 누리라고 우리를 지으셨다! 여기에 인생의 의미가 있다.

그런데 하느님을 안다는 것은 무슨 뜻인가? 무엇보다도 하느님을 안다는 것은 하느님에 대하여 아는 것이 아니다. 하느님을 안다는 것은 하느님과 긴밀한 관계를 맺는다는 것이다. 여러분은 하느님에 대하여 많은 것을 알 수 있지만 그렇다고 해서 하느님을 안다고 할 수 없다.

예를 들어보겠다. 나는 백육십여 개의 CD를 냈고 내가 한 말들이 거의 다 인터넷에 깔려있다. 그걸 들은 이들이 내게 와서 말한다. "아, 신부님을 잘 알아요." 내가 말한다. "나에 대해서 잘 아신다고요? 하지만 당신은 나를 모릅니다." 그들이 대꾸한다. "아니에요, 신부님. 잘 알고 있어요. 신부님 강론을 거의 다 들었거든요." 내가 다시 말한다. "그래도 당신은 나를 모릅니다." 물론 그들은 내가 한 말은 들어 알겠지만 내가 진짜어떤 사람인지는 모르지 않는가.

나는 펜실베이니아주 이리Erie의 교구 소신학교에서 팔년 동안 가르쳤다. 그때 아이들은 자주 나에게 묻곤 했다. "어떻게 신부님 목소리가 CD에서는 그렇게 멋진 거예요?" (녀석들은 내 목소리를 잘 알고 있다.) 내가 강연을 하러 가는 본당마다 신자들은 내게 말했다. "신부님 본당 신자들은 좋겠어요, 신부님이 계셔서." 내가 말한다. "그렇게 생각해요? 우리 본당 신자들에게 물어보세요, 정말 그런지." 내가 이렇게 말하는 까닭은 내가 완전한 사람이 아니기 때문이다. 완전은커녕 그 근처에도 가지 못한 사람이다.

요컨대, 내 CD나 강론을 들은 사람들은 모두 나에 대한 이미지는 가지고 있겠지만 실제의 나를 모른다는 얘기다. 우리 본당 신자들은 좋게든 나쁘게든 나를 안다. (여러분을 사랑하는 사람이 여러분에게 단점이 있음에도 여러분을 사랑하는 것은 놀라운 일이다. 여러분을 미워하는 사람은 여러분이 장점이 많아도 여러분을 미워한다. 모든 것은 자기가 어떻게 볼 것인지를 선택한 결과다. 우리는 모두 선과 악을 가지고 있다. 그러니 우리 안에 있는 선이 더욱 성장하도록 애써야 한다.)

나를 아는 것과 나에 대해 아는 것은 아주 많이 다르다. 하느님을 아는 것은 하느님에 대하여 아는 것과 크게 다르다. 여러분은 모든 계명을 알 수 있고 모든 율법을 지킬 수 있다. 교리서로 모든 교리를 배울 수는 있다. 하지만 중요한 질문이 남아있다. '너는 하느님과 친밀한 관계인가? 늘 하느님과 함께 지내는가?'

그것은 쌍방향 관계다. 경험으로 아는 지식이다. 베네딕토 16세 교황님은 이를 가리켜 '예수님과의 우정관계'라고 하셨다. 그분은 미국을 방문하셨을 때 가는 곳마다 '예수님과의 우정'을 말씀하셨다. 요한 15,14에서 예수님은 "너희는 나의 친구"라고 하신다. 그분은 우리의 벗이시다. 그런데 우리는 그분의 벗인가? 누가 여러분에게 친한 친구들 이름 열 명을 적으라고 한다면 그 안에 예수 그리스도를 넣을 수 있는가?

거룩함은 예수님과의 우정에서 흘러나온다. 그분은 우리의 벗이고, 우리는 그분의 벗이다. 그분과의 우정이 깊어지려면 그분과 함께 시간을 보내는 길밖에 없다. 이는 하느님과 우리의 관계도 마찬가지다. 그분을 알려면 많은 시간을 그분과 함께 보내야 한다. 여기에는 시간과 다짐이 필요하지만 그것은 선택사항이 아니다. 우리는 거룩함에서 성장해야 한다. 아기가 태어나자마자 걷기 시작하는 건 아니다. 거룩함도 단번에 성숙해지는 것이 아니라 조금씩 평생토록 계속되는 과정이다. 중요한 건 우리가 사는 동안 이 과정이 끊이지 않고 이어지기를 바라되, 하느님이 원하시는 만큼 바라야 한다는 것이다.

하느님은 우리에게 가장 좋은 것만을 바라신다. 하느님은 우리가 당신과 영원히 함께 살기를 바라신다. 우리가 당신처럼 되기를 원하신다. 얼마나 엄청난 일인가?

하느님의 뜻은 우리가 구원받고 거룩해져 하늘나라로 가는 것이다. 곧 여러분이 성인이 된다는 뜻이다. 얼마나 대단한 계획인가? 성인이 된다는 것은 두말할 것 없이 하늘나라에 간다는 뜻이다. 나는 천 명 이상을 성인품에 올리신 성 요한 바오로 2세 교황님을 사랑한다. 그분이 그들을 성인으로 만든 것이 아니라 시성이나 시복으로 그들을 우리 앞으로 이끌어낸 것이다. 결혼한 사람, 독신자, 사제, 수도자를 포함하여 천

명이 넘는 사람들을! 실존했던 인물들을! 교회 역사상 성 요한 바오로 2세 교황님이 가장 많은 성인과 복자를 성인 명단에 올리셨다. 그분은 평범한 사람들도 성인이 될 수 있음을 보여 주고자 하셨다. 그러니 거룩함으로 가는 길에서 여러분은 스스로에게 물어보아야 한다. '나는 성인이 되고 싶은가? 그것이 나의 목표인가?'

그것은 모든 성인의 목표였다. 성녀 소화 데레사는 아주 어려서부터 성인이 되고 싶었다. 성인이 되기를 원했다. 우리의 목표도 그래야 한다. 하지만 성인이 되는 것 자체가 목적일 수는 없다. 우리가 성인이 되고 싶어 하는 가장 중요한 이유는 하느님을 기쁘게 해드리고 그분과 영원히 함께 있기 위해서다. 그냥 지옥이나 면하고 영원히 행복하기 위해서가 아니다.

한번은 텔레비전에서 어떤 사람이 인터뷰하는 것을 보았다. "나는 성인이 되고 싶습니다. 하지만 그냥 성인이 아니라 위대한 성인이 되고 싶습니다." 나는 그 사람이 순진해서 자기가 무슨 말을 하고 있는지 몰랐으리라고 생각한다. 어쨌든 내가 보기에 그 말에는 적지 않은 이기심이 숨어있다. 하늘나라에서 '으뜸' 성인이 되고 싶지 시시한 성인은 되고 싶지 않다는 게 아닌가. 여러분은 왜 성인이 되고 싶은가? 성인이 되어서 사람들의 기도를 받고 싶은가? 그게 바로 사리사욕이다. 사람들의 칭송을 받고 싶어서 성인이 되고 싶은가? 그 또한 사리사욕이다. 아니면 그저 하느님과 함께 있고 싶어서, 그분을 영원히 사랑하고 싶어서 그래서 성인이 되고 싶은가?

성화聖化 또는 거룩하게 됨은 사랑의 부산물일 뿐 그 자체가 목적이 되어서는 안 된다. 자신한테만 골몰하여 오직 자기가 선한 일을 하느냐 악한 일을 하느냐에 사로잡힌 사람들을 보면 괴롭다. 그들에게 소리치고 싶다. "잘난 척 그만해. 그건 네 문제가 아니라고!"

백만 번이라도 소리를 질러야 한다면 기꺼이 그러겠다!

그걸 배우자. 그걸 알고, 그걸 살자.

그리스도교는 자신한테 집중하는 종교가 아니다. 자신을 온전히 잊는 종교다. 아버지의 사랑에 항복하는 종교다. 여러분과 내가 그분께 완전히 항복할 때, 우리는 더 거룩해진다. 여러분이나 내가 보잘것없는 거룩한 행실이나 사악한 행실만을 바라본다면 우리는 바리사이가 된다. 기억하라, 바리사이는 모든 것을 올바르게 행했다. 십계명은 물론 레위기의 모든 계율도 어기지 않았다. 하지만 그들은 여전히 지옥에 있었다. 그들은 어느 계명 하나도 어기지 않았기 때문이다. 온통 자기 자신한테, 어떻게 해야 거룩하게 될 것인지, 어떻게 하늘나라를 '쟁취'할 것인지에만 정신이 쏠려있었기 때문이다. 그런데 그게 거짓이었던 거다. 그건 은총이 아니고 사랑도 아니고 하느님의 뜻도 아니다.

그러니 한번 물어보자. '왜 하늘나라에 가고 싶은가?' 지옥이 무서워서? 다시 말하지만 그게 유일한 이유라면 매우 이기적이다. 그건 마치 이렇게 말하는 것과 같다. '나는 지옥에 가고 싶지 않으니까 하늘나라로 가야지.' 그런 생각을 한다면 그리스도인으로서의 우리 삶은 온통 지옥에 대한 공포로 가득할 것이다.

거듭 말한다. 내가 나를 들여다볼 때 나야말로 매우 부족한 사람(남들은 잘 모르겠지만)이고, 내 주변에도 그런 사람들뿐이다. 하지만 분명한 사실은 하느님께서는, 우리를 사랑하는 사람들, 참으로 살아있는 사람들이 되라고 부르신다는 것이다.

분명히 알아야 할 것은 성인이 되기 위해 굳이 사제나 수녀, 수사가 될 필요가 없다는 것이다. 사실 그들이 일상생활에서 하느님의 뜻을 찾지 않는다면 그들의 수도 성소는 거룩함과 상관없는 밥벌이로 전락하고 말 것이다. 그들이 아버지를 사랑하고 기쁘게 해드리고자 그분 뜻을 따르는 것이 아니기 때문이다. 기억하자, 예수님이 말씀하셨다. "내가 아버지를 사랑한다는 것과 아버지께서 명령하신 대로 내가 한다는 것을 세상이 알아야 한다."요한 14,31 여러분은 어떤가? 여러분이 아버지를 사랑한다는 것을 세상이 알고 있는가? 여러분이 아버지를 사랑하고 오직 그분을 기쁘게 해드리려고 애쓰는 걸 사람들이 보는가? 아니면 여러분이 자기 자신만을 사랑하고 자기가 좋아하는 일에만 골몰하는 모습을 그들이 보는가?

말 나온 김에 한마디 더 하자면, 여러분은 부부가 날마다 잠자리를 함께하면서도 성인이 될 수 있다는 걸 아는가? 엉뚱한 소리로 들리겠지만 사실이다! 기억하라, 거룩함은 사랑의 부산물이다. 그러므로 여러분이 하느님의 뜻을 좇아 사랑으로 살면 독신이든 결혼을 했든, 신부나 수녀든 여러분은 거룩하다. 여러분은 하느님이 그렇게 살라고 하신 그대로 사는 거다.

성 요한 바오로 2세 교황님은 당신이 성인품에 올린 이들이 젊은이, 노인, 어머니, 아버지, 가난뱅이, 부자, 사제, 수녀, 평신도들인 것을 잘 아셨다. 모든 사람이 거룩함으로 부름받았기에 우리도 날마다 그 크신 부르심에 응답하고자 노력해야 함을 일깨워 주고자 하셨다.

여러분은 거룩하게 살면서 동시에 현실적인 사람이 될 수 있다. 진짜가 되는 것, 그것이 내게는 중요하다. 때로 사람들은 매사에 거룩하게 행동해야 하며 성인이 되려면 '거룩한 말투'를 써야 한다고 생각한다. 나는 오히려 반대라고 본다. 성 비오 신부를 보라. 그분은 오상을 받았고, 동시에 두 곳에 존재하는 기적을 일으키기도 하고, 사람의 영혼을 읽을 수도 있었지만 기분이 좋을 때도 있고 나쁠 때도 있었다. 로마가 잠정적으로 고해성사와 신자들과 함께하는 미사 거행을 중지시켰을 때 그는 방에 들어가 울었다.

나는 비오 성인과 다른 모든 성인이 고해성사를 받았다는 사실이 참 좋다. 아무 죄도 짓지 않은 사람은 오직 두 분, 예수님과 마리아뿐이시다. 우리는 그분들이 아니다! 이러한 사실은 죄도 짓고, 기분이 좋은 날도 나쁜 날도 있는 우리에게 큰 희망이 된다. 하느님은 지금도 우리를 성인이 되라고 부르신다.

우리를 거룩하게 하시는 분은 '그분'이시지 우리가 아니다.

거룩함으로 가는 열쇠는 날마다 기도하면서 하느님께 항복하는 것이다. 비록 지은 죄가 많더라도 우리한테서 하느님의 뜻이 이루어지기를 갈망해야 한다. 나는 「사나이가 되라」에서 우리가 희망을 걸 모델로 다윗 임금을 자주 거론했다. 그는 살인자에 간음까지 한 사람이다. 기본적으로 자기밖에 모르는 사람이었다. 하지만 그는 또한 '하느님의 마음을 좇는 자'였다. 그가 살인자이며 간음한 자이기 때문이 아니라 하느님께 항복했고 하느님이 그를 거룩하게 만드셨기 때문이다. 하느님이 그리 하셨다면 하느님은 여러분한테도 그렇게 하실 수 있다. 여러분도 하느님의 마음을 좇는 사람이 되어 여러분의 목숨보다 그분의 뜻을 더 갈망해야 한다. 이런 은총을 청하라. 그분은 여러분보다 더 여러분이 하늘나라 성인이 되기를 원하신다. 엄청난 일이다!

우리는 복자 피에르 조르지오 프라사티에게서도 희망을 볼 수 있다. 그는 스포츠를 좋아하고 친구들과 잘 어울려 놀았으며 암벽 등반도 하고 파이프 담배를 즐겨 피웠다. 그러면서도 성사를 통해 예수님과 함께 시간을 보냈고 가난한 이들을 돌보고 무엇보다도 모든 것에서 하느님의 뜻을 찾았다. 우리가 알기로 그는 사제가 될 마음이 없었으며 오히려 결혼하고 싶어 했다. 평생 신앙을 지켰고 예수님을 부끄럽게 여기지 않았다. 그는 스물넷의 젊은 나이에 숨을 거두었다. 1990년 5월 20일, 성 요한 바오로 2세 교황님은 그를 복자품에 올리셨다. 피에르 조르지오는 신앙생활을 하면서 결혼도 하고 거룩하게 살고 싶은 많은 젊은이에게 큰 영감을 주고 있다.

우리는 앞에서 성녀 소화 데레사에 대해 말했지만, 2015년 10월 18일 시성된 데레사의 부모 젤리 마르탱과 루이 마르탱을 살펴보자. 그분들은 평범한 사람들에게 위대한 모범을 보여준다. 하느님께서는 그 부부를 성인으로 부르셨다. 젤리와 루이 성인은 우리와 비슷한 문제로 씨름하며 살던 이 땅의 사람들이었다. 많은 시련을 당했지만 그래도 자신들보다 하느님을 바라보며 살았다. 성 젤리 마르탱은 자녀들이 죽었을 때 이렇게 말했다. "사랑하는 아이들의 눈을 감겨주고 장례를 준비하면서 말할 수 없이 슬펐지만 고맙게도 하느님 은혜로 언제나 그분의 뜻에 나를 맡길 수 있었어요. 나는 아이들로 인한 슬픔과 희생을 결코 후회하지 않습니다." 그리고 이어서 말했다. "사람들이 '이런 일이 없었더라면 좋았겠다'라고 하는데 나는 그 말을 이해 못 하겠어요. 우리 아이들은 지금 하늘나라에서 즐겁게 살고 있고, 무엇보다도 나는 아이들을 잃지 않았어요. 인생은 짧고, 머지않아 나는 하늘나라에서 아이들을 만날 겁니다."

여러분은 자녀를 잃고 큰 고통을 겪으며 캄캄한 어둠 속에 있다면, 그것이 하늘나라에서 아이를 다시 만날 그날에 견주어 보면 아무것도 아니라고 말할 수 있겠는가? 우리는 저마다 어려움과 시련과 고통과 온갖 의혹을 겪으면서 살고 있다. 그러나 여전히 여러분과 나는 거룩하게 되라는 부르심을 받았다. 어둠 한가운데 빛이 되라는 부르심을 받은 것이다.

데레사가 성인이 되고자 한 것은 그 부모의 영향이었다. 지금 누군가의 부모가 된 여러분! 여러분의 자녀들도 여러분한테서 성인이 되는 법을 배우고 있는가? 여러분은 여러분만 성인이 되라는 부르심을 받은 게 아니라 자녀들도 성인이 되게 하라는 부르심을 받았다. 할 일이 무척 많다.

다시 말한다. 여러분은 동정이나 순교자, 사제나 주교 또는 선교사가 되라는 부르심은 받지 않았을 수 있다. 하지만 성인,

오직 하느님의 뜻대로 사는 성인이 되라는 부르심을 받았다. 여러분도 성인이 되기를 원하는가? 이것이 진짜 질문이다.

이 책을 읽기 전에, 내가 여러분에게 종이를 한 장씩 주며 자신의 인생이 지향하는 바 열 가지를 적으라고 한다면 거룩한 사람이 되기를 포함하겠는가? 거룩하게 되는 것이 여러분 인생의 목적 가운데 하나인가? 마땅히 그래야 한다. 히브 12,14에 이런 구절이 있다. "모든 사람과 평화롭게 지내고 거룩하게 살도록 힘쓰십시오. 거룩해지지 않고는 아무도 주님을 뵙지 못할 것입니다." 우와! 다시 한번 읽어보자. 이 말을 마음속에 간직하라. 여러분이 하느님을 꼭 뵙고 싶다면 거룩해지기 위해 노력해야 한다.

사람들은 대부분 자기가 괜찮은 사람이라고 생각한다. 내가 여러분에게 "당신은 좋은 사람인가요?"라고 물으면 아마 대부분은 "예, 신부님. 저 꽤 괜찮은 사람이에요. 사람들한테 잘하고요, 남의 걸 훔치지도 않고, 진짜 나쁜 짓은 하지 않아요. 이 정도면 꽤 좋은 사람 아닌가요?"라고 대답할 것이다. 그런데 내가 다시 "당신은 거룩한 사람인가요?"라고 물으면 아마도 여러분은 이렇게 말할 것이다. "아니, 아니에요, 신부님.

전 거룩한 사람이 아니에요." 그러면 나는 이렇게 말할 것이다. "좋아요, 이제 더 나은 사람이 되어보세요. 하느님은 당신을 거룩하게 만드셨으니까요. 그게 당신입니다."

우리는 거룩함으로 나아가야 한다. 앞에서도 말했지만 여러분은 엄마 배 속에서 나오자마자 걷지 않았다. 그건 불가능한 일이다. 시간이 필요하다. 여러분은 태어나서 한동안은 기어다녔고 그런 뒤에야 걸음마를 시작했다. 마침내 두 발로 걷기까지 수도 없이 넘어졌다. 영성생활도 마찬가지다. 성화란 우리가 성숙해지는 과정이다.

바오로 사도는 많은 편지를 쓰면서 교회 전체를 일컬어 '하느님의 성도들'이라고 했다. 우리는 하느님의 성도들이다. 이미 성인품에 오른 성인이 아니라 성인이 되는 과정에 있는 성인들이다. '교회는 성인들의 박물관이 아니라 죄인들의 병원이다.' 나는 이 말을 좋아한다. 우리는 여기에, '성인이 되는 과정에 있는 죄인들'이라는 말을 덧붙일 수 있다. 이게 요점이다. 우리 모두는, 이 여정을 걷고 있는 단계는 다르지만 목적지는 같다. 그리로 하느님이 여러분과 나를 부르신다. 그분은 우리가 당신과 영원히 함께 있기를 바라시며, 우리가 더욱 거룩해지도록 우리를 초대하신다.

하지만 앞에서 말했듯이 이것은 우리의 선택이다. 하느님은 우리 모두가 하늘나라에 있기를 바라시면서 지옥을 만드셨다. 왜일까? 선택이 전제되지 않으면 사랑이 아니기 때문이다. 하느님은 사랑의 하느님이시기에 우리에게 선택권을 주신 것이다.

여러 번 말했듯이 나는 여러분과 내가 마지막 숨을 거두는 날, 우주의 하느님께서 우리에게 이렇게 말씀하시리라 믿는다. "나는 너를 정말 사랑한다. 이제 네가 가장 좋아하는 것을 말해라. 그것을 너에게 주마." 만일 그것이 '그분'이라면, 축하한다. 여러분은 하늘나라에 들어갈 것이다. 이제 여러분은 성인이 된다는 것이 어떤 건지를 알 것이다. 그런데 그것이 '그분'이 아니라면? 참으로 슬픈 일이 아닐 수 없다. 그래서 첫째가는 계명이 "네 마음을 다하고 네 목숨을 다하고 네 힘을 다하고 네 정신을 다하여 주 너의 하느님을 사랑"루카 10,27하라는 것이다. 그것은 가장 큰 '제안'이 아니라 가장 큰 '명령'이다. 왜? 그게 바로 하느님이 우리를 사랑하는 방식이기 때문이다. 하느님은 우리를 당신의 온 마음과 정신, 온 영혼과 온 힘을 다해 사랑하신다. 그분은 어느 누구에게도 당신을 강요하지 않으신다. 그러므로 여러분이 하느님과 함께 있기를 원치 않는다면 여러분이 원하는 다른 것을 주실 것이다.

하느님께서는 여러분을 사랑하신다. 이게 요점이다. 우리가 하느님의 사랑을 받고 있다는 걸 알게 되면 그분께 사랑으로 응답하고 싶어질 것이다. 우리도 우리와 함께 있기를 원하시는 그분과 함께 있기를 원하는 거다. 우리가 그분과 함께 있기를 원치 않는다면 그분은 우리가 원하는 다른 것을 주실 것이다. 선택은 우리 몫이다. 여러분은 그분과 영원히 함께 있기를 원하는가? 단순하지만 끊임없이 해야 하는 질문이다.

교구 소신학교에 근무할 때 나는 엄격한 학생주임으로 유명했지만, 아이들을 사랑했고 내가 할 수 있는 일은 모두 했다. 아침이면 커피와 베이글과 도넛을 준비해 놓은 내 방으로 아이들이 모여들었다. 하지만 내 방에 오려면 먼저 소성당(가운데 감실이 있고 문은 언제나 활짝 열려있었다)을 지나야 했다. 그러니까 아이들은 내 방에 오기 전에 성체 앞을 지나야 했던 것이다. 나는 방에 들어오는 녀석들에게 묻곤 했다. "예수님께 인사드렸니?" 그들이 아니라고 하면 다시 말했다. "가서 예수님께 '안녕하세요?' 하고 와. 먼저 예수님께 인사하지 않으면 도넛은 없어." 그러면 녀석들은 달려가서 "예수님, 안녕?" 하고는 내 방으로 달려왔다. 그러면 나는 "노노노! 가서 잠깐이라도 예수님하고 있다가 '예수님, 사랑합니다' 하고 말씀드리고 다시 와." 그러면 대개가 투덜거리며 소성당으로 갔는데, 개중엔 돌아오지 않는 아이들도 있었다.

무슨 말이냐면 그 녀석들은 잠깐 동안이라도 예수님과 함께 있는 걸 원치 않았다는 얘기다. 나는 매일 그들에게 기회를 주었고, 때로는 거의 반강제로 예수님과 함께 있게 해보았다. 그러면서 나는 그들에게 물었다. "너희, 하늘나라에 가고 싶니?"

"네, 신부님."

"정말? 난 너희가 거짓말하는 것 같은데? 왜냐하면 바로 코앞에서 예수님이 기다리고 계시는데 너흰 하루에 이 초도 그분이랑 함께 있으려고 하지 않잖아."

그렇다. 여러분과 내가 그리스도를 정말 사랑하는지, 아니면 그리스도교 신자이면서도 무신론자인지는 우리의 일상생활을 보면 알 수 있다. 우리가 하느님을 사랑한다는 걸 증명할 수 있는 유일한 방법은 그분께 순종하는 생활이다. 예수께서는 '너희가 나를 사랑한다면 내 계명을 지켜라'라고 하셨다.

여러분은 하느님을 사랑한다고 말할 수 있다. 하지만 그분께 순종하지 않는다면 그분을 사랑하지 않는 것이다. 거룩한 사람이 되는 것은 하나의 과정이다. 평소에 하느님을 향해 걷고 그분이 우리에게 바라시는 대로 사는 것이다. 그러다 보면 넘어질 수도 있다. 괜찮다, 그래서 인간인 거다. 하지만 우리는 하느님께 시선을 집중하고 그분과 함께 머물고 그분을 사랑하려고 애써야 한다.

하루에 오 분 정도도 하느님께 시간을 내어드리지 못한다면 변명의 여지가 없다. 하루에 오 분도 하느님께 시간을 내어드릴 수 없다면 여러분은 그리스도인이라고 주장하는 이교도일 뿐이다. 잘 생각해 보라.

내가 남성 콘퍼런스에 온 사람들에게 "여러분은 매일 기도하십니까?"라고 물을 때마다 가장 많이 듣는 답은 "그러려고 합니다만…"이다. 그때마다 나는 그들의 머리에 꿀밤을 한 대씩 쥐어박으며 한마디 해주고 싶은 충동을 느낀다.

"그러려고 한다고요? 여러분은 매일 밥을 먹으려고만 합니까?"

"그야, 그러진 않지요."

"여러분은 매일 일하러 가려고만 하나요?"

"아뇨, 신부님."

"여러분은 매일 신문을 읽으려고만 합니까?"

"아뇨, 신부님."

"그럼 왜 여러분은 기도를 '하려고만' 합니까? 기도하고 밥 먹는 것 중에 어떤 게 더 중요하지요? 기도라고요? 그렇다면 그것을 행동으로 증명하십시오."

하루에 최소한 오 분도 기도하지 않는다면 여러분은 이교도다. 틀림없이, 반드시, 그렇다. 이 문장을 다시 읽어보라. 여러분이 그렇게 하고 있지 않다면 바로 지금이 바뀔 때다. '내가 가장 사랑하는 이는 하느님이시다'라고 말하고, 그렇게 살기 시작해야 한다. 어쨌거나 사람은 자기가 사랑하는 사람과 함께 시간을 보내고 싶어 한다. 그러니까 여러분이 하느님과 함께 시간을 보내지 않는다면, 주일미사에서 아무리 거룩하게 보이더라도, 스스로 그분을 사랑하지 않는다는 사실을 증명하는 것이다. 누가 여러분에게 "어머, 정말 거룩해 보여요"라고 말한다 해도 그게 무슨 의미가 있겠는가.

거룩해지고 하느님을 알고 그분 뜻대로 살기를 바란다면 여러분이 가장 먼저 해야 할 일은 기도다. 다른 건 중요하지 않다. 그게 다다. 하느님과 매일 함께 시간을 보내기로 결심하기 전에는 이 책을 계속 읽을 수도, 하느님의 뜻을 찾을 수도 없을 것이다.

이것은 아무리 강조해도 모자람이 없다. 몇 년 전 펜실베이니아의 한 남성 콘퍼런스에서 강연을 한 일이 있는데, 내 앞의 연사가 이렇게 말하는 걸 들었다. "여러분, 여러분이 바쁜 줄 압니다. 하지만 최소한 매일 기도하는 것을 시도해 볼 수 있지 않을까요? 예를 들어 출근길에 운전을 하면서 핸들을 묵주 삼아 묵주기도를 바칠 수도 있고요." 나는 그 말을 들으면서 몹시 불편했다. 그가 사람들에게 기도는 참 좋은 것이지만 실제로 하는 것은 쉽지 않다는 말을 하고 있어서였다. 말도 안 된다!

그다음 내 차례가 되었을 때 나는 이렇게 말했다. "여러분에게는 선택지가 둘 있습니다. 날마다 기도하든가, 아니면 지옥에 가든가!" (어디서 들었던 말인가?) 이것이 내가 모든 사람에게 들려주고 싶은 말이다. 호흡보다 더 중요한 게 기도다. 기도는 일상에서 습관이 되어야 한다. 기도는 선택사항이 아니다. 명령이다. "끊임없이 기도하십시오."1테살 5,17

이것이 여러분 마음과 삶에서 가장 먼저 일어나야 할 변화다. 지금부터 죽을 때까지 전능하신 하느님께, '기도하려고' 하지 말고 '기도하겠다'는 약속을 해야 한다. 날마다. 기도보다 중요한 것은 없다. 절대로. 그러니 기도하는 삶을 살자.

하나 더, 기도는 모든 성인의 비결이었다. 앞에서 보았지만 그들은 보통 사람들이었다. 그렇다, 온몸과 마음으로 하느님의 뜻을 찾고 그 뜻대로 살아간 '보통 사람들'이었다. 성인들의 조각상을 보면 완벽해 보이지만 성인들은 조각상이 아니다. 그들에게도 좋은 날, 나쁜 날이 있었고, 사람들을 좋아하기도 했고 싫어하기도 했다. 우리처럼 기분이 오르락내리락하기도 했지만 그들은 계속 앞으로 나아갔다. 자신이 아니라 하느님을 보았다. 그리고 그분의 뜻을 찾았다. 나는 거룩함이란 '하느님의 뜻과 우리의 뜻이 하나가 된 상태'라는 말을 자주 한다. 그러므로 우리의 첫째 목표는 하느님 뜻대로 사는 것이다. 우리는, 우리 자신과 우리의 나약함을 보지 말고 성인들처럼 예수님과 그분의 은총만을 보아야 한다.

사도들도 모두 하느님께서 당신 뜻을 이루라고 택하신 평범한 사람들이었다. 그들 모두가 나약했지만 자기 몫을 감당했다. 하느님께서는 같은 방식으로 우리를 부르신다, 저마다의 삶에서 당신의 뜻을 이루라고.

이것이 우리가 말하는 항복이다. 우리가 항복한다면 아무리 짙은 어둠이 우리를 에워싼다 해도 그리스도의 빛을 이길 순 없다. 우리는 큰 희망의 백성이 되어야 한다. 인생이 아무리 곤두박질쳐도, 아무리 안 좋은 일들이 벌어져도 하느님이 그 모든 것보다 크신 분임을 아는, 그런 사람이 되어야 한다.

고대 로마를 기억하는가? 수많은 황제가 교회를 없애려 했다. 공포정치로 순교자들을 만들어 내고 그들을 사자의 밥으로 내주었다. 하지만 로마 제국과 황제들은 더 이상 없다. 로마 제국 위에 로마 교회가 우뚝 섰다. 스스로 힘 있다고, 위대하다고 생각하던 사람들은 모두 영원히 가버렸다. 기억하라, 사랑의 힘은 언제나 어둠을 이긴다. 늘 그렇다. 그런즉 우리는 어둠 속에서도 이 희망을 간직해야 한다.

이 세상은 우리 본향이 아니다. 우리는 이곳을 지나쳐 갈 뿐이다.1베드 1,17; 2,11 참조 우리의 진짜 집은 하늘나라이고, 우리가 해야 할 일은 그리로 갈 준비를 하는 것이다. 하지만 우리는 자주 이곳을 본향인 양 생각하고 살아간다. 그래서 끊임없이 죽음을 두려워하며 살고 있는 것이다.

어젯밤 한 본당에서 강론할 때도 나는 이 세상이 본향이 아님을 일깨워 주고, 그러니 장차 닥칠 일을 겁내지 말라고 하며 이런 이야기를 들려주었다.

나는 아이들에게 엄마 배를 보라고 하며 이야기를 시작했다. 그렇다. 엄마 배 말이다. "너희가 거기서 아홉 달 동안 살았단다." (그러자 아이들은 입을 틀어막고 괴성을 질렀다.) 나는 이야기를 계속했다. "너희는 엄마 배 속에서 엄마를 느낄 수 있었고, 체험할 수 있었고, 필요한 모든 것을 거기서 얻었어." 이 책을 읽는 여러분도 마찬가지다. 여러분도 엄마 배 속에서 아홉 달 동안 살았다. 여러분과 엄마는 긴밀히 연결되어 있었다. 엄마가 먹고 마시는 것을 여러분도 먹고 마셨다. 엄마가 하는 모든 일을 여러분도 했다. 하지만 여러분은 태어나기 전까지 엄마를 볼 수 없었다. 태어나서야 비로소 엄마 얼굴을 볼 수 있었고, 엄마도 우리 얼굴을 볼 수 있게 되었다.

우리와 하느님도 마찬가지다. 우리는 지금 하느님 배 속에 있다. (그분이 여성이라는 뜻이 아니다. 어디까지나 비유다.) 우리는 하느님을 느낄 수 있고 그분을 체험할 수 있다. 우리한테 있는 모든 것이 하느님께로부터 오는 것이다. 하지만 영원한 생명으로 태어날 때까지 우리는 하느님을 뵐 수 없다.

누가 다시 엄마 배 속으로 들어가고 싶겠는가? 아무도 그러고 싶지 않을 거다. 여러분이 엄마 배 속에 있을 때는 거기 있는 게 좋아서 발길질도 하고 뭐라고 소리도 질렀겠지만 다시 그리로 돌아가고 싶지는 않을 것이다. 우리 모두가 그렇다. 여기가 좋다. 하지만 여기는 본향이 아니다. 우리는 하느님을 볼 수 없다. 하느님 안에 있기 때문이다. 그분이 온 누리를 가득 채우고 있지만 그분 얼굴을 맞대고 보려면 영원한 생명으로 태어날 때까지 기다려야 한다.

누가 가장 복된 사람인가? 네 살에 죽은 사람인가? 아흔 살에 죽은 사람인가? 이는 분명 인생을 전혀 다르게 보는 방식이다. 하지만 그것은 그리스도교가 인생을 보는 방식이다! 스스로 그리스도인이라고 하는 사람들은 모두 하늘나라에 가고 싶다고 한다. 하지만 아무도 하늘나라에 가려고 죽겠다고는 하지 않는다. 그러나 우리가 인생을 이렇게 다른 방식으로 볼 때 더 이상 죽음에 대한 두려움이 있을 까닭이 없다. 일단 건너편에 닿으면, 엄마 배 속으로 다시 들어갈 수 없듯이, 돌아오는 길은 없다. 죽음에 대한 두려움을 없애주시려고 하느님이 우리 주변에 이런 이미지들을 펼쳐주신다.

우리는 두려워할 필요가 없다. 주변에서 벌어지는 전쟁을 겁낼 것 없고, 언제 세상이 끝날지, 다음 번 대통령으로 누가 뽑힐 것인지 걱정하지 않아도 된다. 이 세상은 우리의 영원한 본향이 아니기 때문이다. 우리에게는 하늘나라가 있고, 하느님이 계시며, 우리는 그분과 함께 영원히 살 것이다.

이 땅에서 얻는 것들이 아무리 좋지 않다 해도, 우리가 해야 할 일은 어둠 속에 그리스도의 빛을 비추고 하느님 나라의 빛과 구원의 빛을 모든 사람에게 비추는 것이다. 우리는 다른 사람들처럼 어둠을 저주하지 않는다. 그건 우리의 일이 아니다. 뉴스를 보면 어떤 가톨릭 신자들은 세상에서 가장 부정적인 사람처럼 보인다. 하지만 그들은 잘못된 것을 지적하며 우리의 경각심을 일깨울 뿐이다.

신학생 때 나는 불평쟁이였다. 언제 어디서나 늘 투덜거렸다. (그게 나였다. 그게 좋지 않다는 걸 나도 안다.) 하루는 무슨 일 때문에 투덜거리자 영적 지도자가 내게 말했다. "리처즈, 자넨 누구보다 어둠에 대해 불만이 많군. 왜 스스로 불을 밝혀서 자네가 달라질 수 있다는 걸 보여주지 않나?" 그것이 내 인생의 전환점이 되었다. 그래서 나는 그렇게 했다. 내 모든 사제생활과 사목활동이 달라지는 것을 목표로 삼았다. 나는 다른 사람들과 같아지는 게 싫었다. 비슷해지는 것도 싫었다. 나는 캄캄한 어둠 속을 비추는 그리스도의 빛이 되고 싶었다.

우리 모두는 그리스도의 빛이 되고 싶어 해야 한다. 그러기 위해서는 아버지의 뜻에 우리 인생과 우리 뜻을 항복시켜야 한다. 기억하자. 그분의 뜻이 언제나 우리 뜻보다 낫다. 그분의 뜻은 언제나 생명과 구원을 준다. 우리는 그분의 일에 협력해야 한다.

하느님은 우리에게 거룩함으로 성숙해질 수 있는 힘을 주신다. 그분은 우리한테 비현실적인 기대를 하는 부모가 아니다. 그분 계획에 항복하여 그분이 창조하신 대로 완전한 사람이 되는 것도 그분의 은총이다.

'성인은 무슨, 언감생심이지.' 이렇게 생각하는 사람들이 있다. 하지만 그렇지 않다. 하느님은 여러분을 거룩함으로 부르실 뿐만 아니라 그렇게 되는 데 필요한 모든 도구를 주셨다. 하느님은 우리가 거룩해지기를 바란다며 그저 '행운을 빈다'고 말씀하시는 분이 아니다. 여러분과 내가 기도와 사랑 안에서 그분께 항복할 때 우리는 거룩함을 경험하게 된다.

하느님의 거룩함의 매개체는 성령이시다. 성령께서 우리에게 당신의 은사와 거룩함 안에서 익어가는 열매들을 주신다. 우리는 그 선물들을 활용해야 한다. 축구선수나 농구선수 같은 운동선수들은 매일 훈련을 한다. 마찬가지로 여러분이 선물을 받았다면 그것으로 무언가를 해야 한다. 그것으로 협력해야 한다. 거룩함의 선물 또한 마찬가지다.

하느님께서 선물을 주셨으니 여러분은 그 안에서 자라야 한다. 성령께서 우리를 다스리시게 하고 날마다 하느님의 뜻에 순종하며 성령과 함께 일해야 한다.

한번은 무신론적인 생각에서 막 빠져나오는 학생들과 점심을 같이 먹게 되었다. (녀석들은 내가 들어보지 못한 말로 나를 골탕 먹일 셈이었다.) 어떤 아이가 하느님이 정말 있다면 고

약한 것 같다고 했다. 내가 말했다. "이 철없는 녀석아, 하느님은 너를 사랑하셔. 그러니 그분의 사랑을 받아들이고 그분께 협력하렴." 그가 말했다. "하지만 그분은 우리한테서 재미있는 걸 다 뺏어가시잖아요?" 내가 말했다. "아들아, 네가 말하는 재미라는 게 뭐니?" 그는 늘 자기가 약에 취해있었다고 말했다. "아들아, 약에 취해있는 게 좋은 일이니? 그게 얼마나 슬픈 일인지 생각해 보렴."

여러분이 기분 좋게 취하고 싶어 술이나 약을 한다면 그것은 사실 무언가로부터 도망치고 있는 것이다. 하느님께서 말씀하신다. "나에게 오너라. 네가 나의 사랑받는 아들이고 딸이라는 것을 알게 해주겠다. 그러면 큰 사랑을 느낄 것이다. 마음 속에 평화를 느끼려고 술이나 마약을 하지 않아도 된다. 네게 필요한 건 사랑이다." 사랑은 하느님께로부터 오는 것이다. 그러니 우리를 행복하게 해줄 거라고 생각하는 것들을 향해 달려가지 말고 사랑과 평화의 근원으로 돌아와 그 앞에 항복하고 진정한 행복을 누릴 일이다.

하느님 뜻에 항복할 때 우리는 그분의 뜻을 이루는 도구가 된다. 성 프란치스코의 기도 '저를 평화의 도구로 써주소서'가 바로 그것이다. 먼저 여러분 마음에 평화가 흐르지 않으면 누구도 평화의 도구가 될 수 없다. 다른 사람들에게 평화를 주기 전에 여러분 자신이 평화로워야 한다. 그분 뜻에 항복하는 것도 마찬가지다.

궁극적으로, 그분 뜻에 순종하여 자기 삶으로 그분 뜻을 이루어 드릴 때 비로소 우리는 이 땅에서 하늘나라를 경험하게 된다. 그러기에 우리는 이렇게 기도하는 것이다. "당신의 뜻이 하늘에서와 같이 땅에서도 이루어지소서." 그러니 항복하고, 하늘나라에 가라!

항복을 위한 발걸음

1. 하느님을 더 사랑하고 그분과 함께 시간을 보내기로 결심하자. 내 인생의 으뜸 목표는 성인이 되는 것이다. 여러분도 그런가?
2. 하느님께서 하시도록 내어드리자. 여러분의 두 번째 인생 목표는 날마다 자신의 뜻이 아니라 하느님의 뜻이 이루어지기

를 바라는 것이어야 한다. 그러기 위해서 '하느님, 오늘도 저에게서 당신의 뜻을 이루소서'라고 기도하자. 이것은 예수님의 기도였다. 우리도 같은 기도를 드려야 한다.
3. 날마다 성령께 항복하자. 그분께서 우리를 이끄시고 인도하시도록 맡겨드리자.

도움이 되는 기도

〈성령께 바치는 기도〉

제 안에서 숨 쉬소서. 오, 거룩하신 성령님,
제 모든 생각이 거룩해지도록.
제 안에서 일하소서. 오, 거룩하신 성령님,
제가 하는 모든 일이 거룩해지도록.
제 마음을 이끄소서. 오, 거룩하신 성령님,
제가 거룩한 것만 사랑하도록.
저를 굳세게 하소서. 오, 거룩하신 성령님,

제가 거룩한 모든 것을 지키도록.

저를 지켜주소서. 오, 거룩하신 성령님,

언제나 거룩하도록.

아멘.

- 히포의 성 아우구스티노

2장

항복하고,
큰 사랑꾼이 되라!

"내가 모든 재산을 나누어 주고
내 몸까지 자랑스레 넘겨준다 하여도 나에게 사랑이 없으면
나에게는 아무 소용이 없습니다." 1코린 13,3

예수 그리스도께서 우리 모두에게 주신 유일한 계명은 사랑하라는 것이다. "내가 너희에게 새 계명을 준다. 서로 사랑하여라. 내가 너희를 사랑한 것처럼 너희도 서로 사랑하여라." 요한 13,34 바로 다음 구절에서 그분은 누가 당신의 제자인지를 분명히 밝히신다. "너희가 서로 사랑하면, 모든 사람이 그것을 보고 너희가 내 제자라는 것을 알게 될 것이다." 13,35 우리가 서로 사랑하는 것을 보고 사람들이 우리가 그분의 사람이라는 것을 알 거라는 말씀이다. 아, 우리 모두가 그렇게만 산다면! 비록 세상 사람들이 우리한테서 서로 사랑하는 모습만 보지는 못한다 해도 그리스도교는 사랑이신 하느님을 믿는 종교다. 사랑이 그리스도교를 이루고 전능하신 하느님과 우리의 관계를 현실로 만들어 주는 열쇠다. 성 바오로는 이 점을 1코린 13,2-3에서 잘 말해주고 있다. "내가 예언하는 능력이 있고 모든 신비와 모든 지식을 깨닫고 산을 옮길 수 있는 큰 믿음이 있다 하여도 나에게 사랑이 없으면 나는 아무것도 아닙니다. 내가 모든 재산을 나누어 주고 내 몸까지 자랑스레 넘겨준다 하여도 나에게 사랑이 없으면 나에게는 아무 소용이 없습니다."

예수님은 사랑하라는 계명에 대해서만 말씀하시지만 때로 사람들은 종종 십계명에만 주목하는 경우가 있다. 나아가서 그것을 법정이나 공공장소에 적용할 것인지를 두고 논쟁을 벌이기도 한다. 때로는 이렇게 말하기도 한다. "이것이 십계명이다. 이 십계명 위에 우리 삶을 세워야 한다." 이것은 부분적으로 옳을 뿐이다. 가장 큰 계명, 우리 삶의 뿌리가 되는 계명은 예수 그리스도께서 주신 것이다. 그분이 명령하신 대로 우리가 서로 사랑하는 것, 이것이 거룩함을 실현하는 길이다.

거룩함은 우리가 다른 사람들을 어떻게 대하는가에서 드러난다! 거룩함은 자신한테 집중하는 것이 아니라 다른 사람들에게 집중하는 것이다. 이게 전부다.

우리는 이것을 하느님께서 모세를 통해 백성에게 전하라고 말씀하신 레위 19,2에서 본다. "나, 주 너희 하느님이 거룩하니 너희도 거룩한 사람이 되어야 한다." 바로 다음 3절에서는 이렇게 말씀하신다. "저마다 어머니와 아버지를 경외해야 한다." 그리고 신약에 와서 예수께서는 이렇게 말씀하신다. "하늘의 너희 아버지께서 완전하신 것처럼 너희도 완전한 사람이 되어야 한다." 마태 5.48 이것은 원수를 사랑하고 박해하는 자들을 위해서 기도하라고 하신 다음에 하신 말씀이다.

첫 장에서 우리 모두는 거룩함으로 부르심 받았다는 것에 대하여 말했다. 거룩함은 무엇과 같은가? 하느님 사랑과 이웃 사랑으로 가득 찬 사람과 같다. 우리가 사랑으로 산다는 걸 증명하는 길은 실제로 사랑하는 것밖에 없다. 우리는 사랑을 모르는 세상에서 사랑이 되어야 한다.

사랑은 언제나 하느님의 뜻을 따르려고 한다. 우리가 만일 사랑 없이 일을 한다면 그 일은 분명 하느님의 뜻이 아니다. 하느님은 사랑이시기 때문이다. 사제로서 나는 매일 미사를 드릴 수 있다. 매일 묵주기도를 바칠 수도 있다. 하지만 그 일을 사랑으로 하지 않는다면 모두가 하느님의 뜻이 아니다.

기억하자, 하느님은 여러분과 내가 세상에서 하느님의 현존을 드러내기를 바라신다. 그러려면 우리는 그리스도인이 누군지를 기억해야 한다. 그리스도인이란 단지 도덕적인 삶을 사는 사람을 말하는 게 아니다. 무신론자도 도덕적으로 잘 산다. 유다교인도 도덕적으로 잘 산다. 신실한 무슬림도 마찬가지다. 착한 사람이 곧 그리스도인은 아니다. 정의하면, 그리스도인이란 더 이상 자신을 위해 살지 않고 예수 그리스도께서 그를 통하여, 그 안에서 사시는 사람을 말한다.

그리스도인이 되려면 자기 목숨을 내놓아야 한다. 목숨을 걸지 않으면 그리스도인이 아니다. 여러분은 세례를 받을 수 있고 옳은 일을 할 수도 있다. 하지만 성 바오로는 말한다. "나는 그리스도와 함께 십자가에 못 박혔습니다. 이제는 내가 사는 것이 아니라 그리스도께서 내 안에 사시는 것입니다. 내가 지금 육신 안에서 사는 것은, 나를 사랑하시고 나를 위하여 당신 자신을 바치신 하느님의 아드님에 대한 믿음으로 사는 것입니다."갈라 2,19-20 이것이 우리가 해야 할 일이다. 자기 자신에게 죽고 그리스도께서 우리 안에 사시도록 해드려야 한다.

그리스도인으로서 우리가 해야 할 일은 길옆으로 비켜서서, 그리스도께서 우리를 통해 사랑하시도록 하는 것이다. 사실 이것은 그리스도인이 되는 데 가장 어려운 일이다. 어쨌거나 우리는 언제나 그리스도의 길에 방해가 된다. 우리의 에고를 만사에 앞장세우려 하는 것이 우리의 가장 큰 유혹이다. 나 역시 자주 그런다. 수많은 독자가 내 책을 읽고 내 말을 듣는다는 건 아무 의미가 없다. 그 모든 일이 사랑으로 한 일이 아니라면 정말 아무것도 아니다. 사랑으로 하느님의 일을 하는 것, 이게 전부다. 1장에서 말했듯이, 그것은 현실에서 실천되어야 하는 일이다. 사랑, 거룩함, 겸손은 멋진 사상도 아니고 선한 의도도 아니다.

사랑하는 사람이 된다는 것은 언제 어디서나 좋은 사람으로 존재하는 거라고 생각하는 이들이 있다. 여러분도 그렇게 생각한다면 성경을 읽어보라. 그리스도는 언제나 모두에게 좋은 사람이 아니셨다. 기억하라, 예수님은 어떤 여자를 '강아지'라고 하기도 하셨다. 마르 7,27 여느 사람들처럼 그분에게도 나쁜 날이 있었다. 언제나 모든 사람이 그분한테서 사랑을 느낀 건 아니다. 심지어 그분을 죽이고 싶어 한 사람들도 있었다. 오늘날 교회에서도 적지 않은 사람들이 그리스도를 환영하지 않을 것이다. 당대 사람들을 불편하게 한 것처럼 오늘날에도 사람들을 불편하게 하실 테니까. 하지만 그분은 모든 일을 사랑으로 하셨다.

때로 사랑은 어렵다. 여러분에게 자녀들이 있으면 그들을 어떻게 대하는지 돌아보라. 때로는 아이들을 야단도 칠 것이다. 아이들이 미워서 그러는 건가? 아니다. 사랑해서 그러는 거다. 하지만 비록 여러분은 사랑하기 때문이라지만, 아이들은 다르게 느낄 수도 있다.

질의문답 시간에 사람들이 묻는다. "신부님은 하느님이 우리를 벌하신다고 생각하세요?" 그러면서 그들은 속으로 내가 "아니오. 사랑이신 하느님은 우리를 꾸짖지 않으십니다"라는 대답을 기대할 것이다. 내가 그럴 거라고 생각한다면 그들은 나를 모르는 거다. 나는 늘 이렇게 대답한다. "음, 그 문제에 대해 하느님이 뭐라고 하시는지 성경을 보죠." 그러고는 히브 12,5-10을 읽는다.

여러분은 하느님께서 여러분을 자녀로 대하시면서 내리시는 권고를 잊어버렸습니다. "내 아들아, 주님의 훈육을 하찮게 여기지 말고 그분께 책망을 받아도 낙심하지 마라. 주님께서는 사랑하시는 이를 훈육하시고 아들로 인정하시는 모든 이를 채찍질하신다." 여러분의 시련을 훈육으로 여겨 견디어 내십시오. 하느님께서는 여러분을 자녀로 대하십니다. 아버지에게서 훈육을 받지 않는 아들이 어디 있습니까? 모든 자녀가 다 받는 훈육을 받지 않는다면, 여러분은 사생아지 자녀가 아닙니다. 게다가 우리에게는 우리를 훈육하시는 육신의 아버지가 계셨고 우리는 그러한 아버지를 공경하였습니다. 그렇다면 영적 아버지께는 더욱 순종하여 그 결과로 생명을 얻어야 하지 않겠습니까? 육신의 아버지들은 자기들의 생각대로 우리를 잠깐 훈육하였지만, 그분께서는 우리에게 유익하도록 훈육하시어 우리가 당신의 거룩함에 동참할 수 있게 해주십니다.

이 말에 많은 사람이 놀라는 까닭은 사랑의 하느님은 벌을 주시는 분이 아니라고 생각하기 때문이다. 그러나 미안하지만 이는 성경 말씀이다. 사랑의 하느님은 우리를 구원하고 사랑하고 더 낫게 하기 위하여 당신이 하실 수 있는 모든 일을 하신다. 마치 우리의 부모님이 하시듯 말이다. 부모님도 때로는 우리를 나무라신다. 좀 모질다 싶을 때도 있다. 사랑의 하느님도 마찬가지다. 하지만 여러분에게 무슨 일이 일어나든 그분이 여러분을 사랑하기 때문이지 여러분을 내치려고 그러시는 게 아님을 알아야 한다.

하느님의 훈육이 "좋다, 네가 잘못했으니 이제부터 암을 앓

게 될 것이다"라며 벌주신다는 게 아니다. 그런 하느님이라면 그건 악의 하느님이지 사랑의 하느님이 아니다. 무서운 보복의 하느님이면 그렇겠지만 아니다. 절대 아니다! 여러분은 성냥을 가지고 노는 아이들을 말릴 때 "얘야, 그만하고 이리 와 보렴" 하고 조용히 바로잡아 주기보다 대부분은 "야, 너 그만 두지 못해?"라고 소리를 지르고 손을 탁 치며 다시는 성냥을 가지고 놀지 못하게 한다. 여러분이 아이들의 손을 치는 것은 애들이 미워서인가? 아니다. 그들을 사랑하기 때문이다. 바로 하느님도 우리에게 그러신다는 거다.

우리는 사랑과 봉사의 삶을 말할 때 조심해야 한다. 사랑이란 최선을 다해 사람들을 하늘나라로 이끄는 것이다. 그게 사랑이다. 예수님도 우리를 사랑하기 때문에 우리를 위해서 돌아가셨다. 여러분이 사람들을 사랑할 때, 그들을 위해서 죽을 때, 그리고 그들을 여러분 앞에 세울 때, 그때 여러분은 그리스도처럼 되는 것이다. "그리스도 예수님께서 지니셨던 바로 그 마음을 여러분 안에 간직하십시오. 그분께서는 하느님의 모습을 지니셨지만 … 오히려 당신 자신을 비우시어 종의 모습을 취하시고 사람들과 같이 되셨습니다." 필리 2,5-7

오상의 성 비오 신부님을 예로 들어보자. 내가 그분께 고해성사를 보러 간다면 나는 무척 긴장할 것이다. 여러분이 그분에 관한 글을 읽거나 얘기를 들었다면 내가 왜 그렇게 말하는지 알 것이다. 그분은 여러분을 고해실에서 쫓아낼지도 모른다. 만일 내가 한 번이라도 누군가에게 그랬다면 사람들은 이렇게 말할 것이다. "정말 너무해. 래리 신부가 나를 고해실에서 쫓아냈다고!" 하지만 비오 신부님은 수없이 그랬다. 한 번은 이렇게 말한 적도 있었다. "당신은 아직 성사 볼 준비가 안 됐소. 나가시오!" 그분이 사람들을 미워해서 그랬을까? 결코 아니다. 그분은 사람들을 사랑하셨고 그들이 하늘나라에 들어가기를 원하셨다. 그래서 그들이 무엇을 어떻게 잘못했는지 깨닫게 하시려고 그런 충격요법을 쓴 것이다.

때로 사랑이 그렇다 하지만 사랑은 언제나 여러분의 생명을 사람들을 위해 내어주는 것이다. 예수께서는 이렇게 명하신다. "서로 사랑하여라. 내가 너희를 사랑한 것처럼 너희도 서로 사랑하여라."요한 13,34 그리고 이어서 "친구들을 위하여 목숨을 내놓는 것보다 더 큰 사랑은 없다."요한 15,13 마침내 그분은 당신 생명을 내어놓으면서 모범을 보여주셨다. 이는 우리가 진심으로 하느님 뜻을 따라 살고자 한다면 매일이 자기희생의 날이어야 한다는 뜻이다. 이것이 실제적이고 실천적인 것이 되기 위하여 나는 여러분이 밤마다 잠자리에 들기 전 "오늘 한 번이라도 누군가를 위해 내 삶을 내어주었던가?" 하고 양심에 물어보라고 권한다. 만일 '아니오'라는 답이 나오면 그날 하루를, 나를 위해서 살고 내가 원하는 일만 하고 나를 돌보는 일만 한 셈이다.

날마다 우리는 우리 생명을 내어주는 삶을 살아야 한다. 보통은 바라지도 않는데 그런 기회가 닥치기도 한다. 하루는 환자를 방문하러 사무실을 나섰다. 전화를 받고 바로 가는 길이었다. 문을 나서는데 어떤 여자가 나를 잡더니, "신부님, 고해성사 좀 주세요" 하는 것이었다. 내가 물었다. "지금이요?" 그녀가 말했다. "예, 제발요." 나는 잠시 생각했다. 방법이 없다. 나는 지금 병원에 가는 중이다. 그런데 이 여자가 내 계획을 방해하고 있다. 하지만 나는 말했다. "좋습니다, 그럽시다!" 그리고 그녀의 고백을 들었다. 엄청난 고해성사였다! 하지만 그건 내가 원한 게 아니었다. 내 계획과는 어긋난 일이었다. 그것이 사랑의 행위였을까? 그렇다. 나는 일이 그리될 줄 몰랐다.

본디 내 계획은 좋은 것이고 그 또한 사랑의 행위였다. 병자성사를 주려고 가는 길이었으니까. 하지만 하느님은 그보다 먼저 다른 사람에게 사랑을 베풀기를 원하셨다. 내 계획이 아니었다. 그분의 계획이었다. 여러분도 비슷한 일을 겪어보지 않았는가?

간혹 나는 너그럽고 싶지도, 사랑하고 싶지도, 하느님 뜻대로 하고 싶지 않을 때가 있다. 그래도 그렇게 해야만 한다. 그게 사랑이다. 하느님 뜻대로 살고자 한다면 좋든 싫든 그렇게 할 준비가 되어있어야 한다. 내가 좋아하는 성경 구절 가운데 하나는 '두 아들의 비유'[마태 21,28-32]다. 비유에서 큰아들은 포도원에 가서 일하라는 아버지 말에 싫다고 한다. 그리고 작은아들은 가겠다고 한다. 그런데 나중에 보니 큰아들은 포도원에 일하러 갔고 작은아들은 일하러 가지 않았다. 예수께서 둘 중에 누가 아버지 뜻을 실천했냐고 물으신다. 우리는 모두 그 답을 알고 있다.

"지옥으로 가는 길은 선의로 포장되어 있다"는 옛말이 있다. 우리는 하느님이 시키시는 대로 해야 한다. 그처럼 간단하다. 자신이 원치 않아도 하느님의 뜻대로 하려고 하는가? 이것이 진짜 질문이다. 그렇지 않은가?

예수 그리스도께서 겟세마니 동산에서 아버지 뜻을 여쭈면서 만면에 미소를 띠고 "아, 고맙습니다, 아버지. 오늘 기꺼이 당신을 위하여 수난당하고 죽겠습니다"라고 하셨던가? 아니다. 오히려 이렇게 간청하셨다. "아빠! 아버지! 아버지께서는 무엇이든 하실 수 있으시니, 이 잔을 저에게서 거두어 주십시오. 그러나 제가 원하는 것을 하지 마시고 아버지께서 원하시는 것을 하십시오."마르 14,36 그분은 아버지께서 원하시는 것을, 그것이 비록 자기가 죽는 것이라 해도 원한다고 말씀드렸고 그대로 하셨다!

그런데 오늘날 많은 설교가들은 다르게 말하는 것 같다. 하느님은 우리에게 복을 주시고 이 땅에서 행복하기만을 바라신다는 거다. 하지만 그 누구보다 그 무엇보다 당신 아들을 사랑하신 하느님께서는 당신의 아들에게 다른 사람들을 위해 자신을 부인하라고 하셨다면, 우리에게야 얼마나 더 그러시겠는가? 그러므로 그리스도인이 되고 예수의 제자가 되는 것은 우리가 원하는 대로 얻는 그런 게 아니다. 우리가 아니라 그분이 원하시는 대로 해야 한다. 우리가 무엇을 느끼느냐가 아니라 그분이 원하시는 대로 하는 것이다! 그리스도인이 되는 것은 우리의 느낌과 아무 상관이 없다. 모든 것을 행동으로 실천하는 것이다.

마음이 내키지 않더라도 하라. 그것이 바로 여러분이 삶에서 참사랑을 실천하는 길이다. 성녀 소화 데레사의 삶에서 이런 예를 볼 수 있다. 데레사는 공동체의 한 수녀를 도저히 참아줄 수가 없었다. (성인도 그렇다니, 상상이 되는가?) 그 수녀가 들어올 때마다 데레사는 저절로 '아' 하는 신음소리가 나왔다. 하지만 그분은 자기 감정을 누르면서 큰 사랑과 연민으로 그 수녀를 대했다. 하루는 그 수녀가 다가와서 물었다. "수녀님은 나를 볼 때마다 웃네요? 내가 그렇게 못되게 구는데도 왜 늘 친절하게 대해주죠?" 데레사 성녀의 자서전 「한 영혼의 이야기」에 나오는 대목이다.

어떤 사람은 그건 위선이라고 할지도 모르겠다. 또 데레사 성녀가 다른 사람을 위하여 자기 생명을 바쳤다고 하는 사람도 있을 것이다. 그분은 누군가를 위해 하느님의 도구가 되려고 자신의 감정대로 하지 않은 것이다.

도저히 사랑할 수 없을 것 같은 사람이 있는 건 사실이다. 펜실베이니아 이리Erie의 철길 부근에서 어떤 남자가 두 살배기 여자아이를 성폭행하고 살해했다. 얼마나 끔찍한 짓인가? 하지만 하느님은 그를 위해서도 마음 깊이 사랑하시어 죽으셨다. 그분은 여러분과 나에게 말씀하신다. "남을 심판하지 마라. 그래야 너희도 심판받지 않는다."마태 7,1 주님께서는 우리가 그를 사랑하기 바라신다. 여러분은 말할 것이다. "불가능합니다!" 안다. 그래서 여러분이 하려고 하지 말고 여러분을 통해 예수께서 하시도록 하라는 거다.

너무나 자주 우리는 스스로를 강함과 약함에 가둔다. 하지만 그리스도께서 우리 안에 사시게 함으로써 하느님의 뜻을 이뤄야 한다. 도저히 사랑할 수 없을 것 같은 사람을 만날 때면 잠시 물러가 이렇게 말씀드리자. "주님, 저는 저들을 사랑할 수 없지만 당신은 하실 수 있습니다. 주님, 저를 통해서 저들을 사랑하십시오. 오늘 저를 당신 사랑의 도구로 써주십시오. 비록 저는 원치 않지만 주님, 사랑할 수 없는 저 사람들을 사랑하게 해주십시오."

교구 소신학교에서 나는 아주 편안한 선생이었지만 엄하기도 했다. 나는 금요일마다 시험을 보았는데 목요일에는 문제마다 답을 가르쳐 주었다. 예를 들어 이런 식이다. "잘 들어. 내일 시험 첫 문제는 '아브라함은 누구인가?'이다. 답은 '믿음의 조상'이다. 둘째 문제는 '사라는 누구인가?'이다. 답은 '아브라함의 아내'다, 알겠니?" 소신학교에서 아이들과 함께 지낸 팔 년 동안 나는 매주 이렇게 했고, 매년 평균 여덟 명 정도가 시험에 떨어졌다.

나는 시험이 있을 때마다 문제와 답을 가르쳐 주었지만 아이들은 귀담아듣지 않았다. 하느님도 똑같으시다. 마태 25,31-40에서 그분은 마지막 시험 문제와 답을 우리에게 일러주신다. 그분의 마지막 심판이 어떨지를 다음과 같이 말씀하신다.

"사람의 아들이 영광에 싸여 모든 천사와 함께 오면, 자기의 영광스러운 옥좌에 앉을 것이다. 그리고 모든 민족들이 사람의 아들 앞으로 모일 터인데, 그는 목자가 양과 염소를 가르듯이 그들을 가를 것이다. 그렇게 하여 양들은 자기 오른쪽에, 염소들은 왼쪽에 세울 것이다. 그때에 임금이 자기 오른쪽에 있는 이들에게 이렇게 말할 것이다. '내 아버지께 복을 받은 이들아, 와서, 세상 창조 때부터 너희를 위하여 준비된 나라를 차지하여라. 너희는 내가 굶주렸을 때에 먹을 것을 주었고, 내가 목말랐을 때에 마실 것을 주었으며, 내가 나그네였을 때에 따뜻이 맞아들였다. 또 내가 헐벗었을 때에 입을 것을 주었고, 내가 병들었을 때에 돌보아 주었으며, 내가 감옥에 있을 때에 찾아 주었다.' 그러면 그 의인들이 이렇게 말할 것이다. '주님, 저희가 언제 주님께서 굶주리신 것을 보고 먹을 것을 드렸고, 목마르신 것을 보고 마실 것을 드렸습니까? 언제 주님께서 나그네 되신 것을 보고 따뜻이 맞아들였고, 헐벗으신 것을 보고 입을 것을 드렸습니까? 언제 주님께서 병드시거나 감옥에 계신 것을 보고 찾아가 뵈었습니까?' 그러면 임금이 대답할 것이다. '내가 진실로 너희에게 말한다. 너희가 내 형제들인 이 가장 작은 이들 가운데 한 사람에게 해준 것이 바로 나에게 해준 것이다.'"

의로운 사람들이 자기가 구원받은 줄을 모른다니 놀랍지 않은가?

크레이그 그로쉘 목사가 어린 시절에 겪은 일을 말해주었다. 한번은 여름성경학교에서 선생님이 아이들을 갈라 세워놓고 이렇게 묻더란다. "자, 얘들아, 지금 당장 죽으면 하늘나라에 갈 거라고 생각하는 사람은 손들어 봐." 크레이그도 다른 아이들도 아무도 손을 들지 못했다. 그러자 선생님이 말했다. "아무도 하늘나라에 못 가면 모두 지옥에 가는 거야!" 그 말을 듣고, 나중에 목사가 된 소년은 교회를 뛰쳐나와 집까지 쉬지 않고 계속 달렸다. 그 뒤로 그는 밤마다 "주님, 제발 저를 지옥에 보내지 마세요. 주님, 제발 저를 지옥에 보내지 마세요"라고 기도했다고 한다.

여러분은 상상할 수 있는가? 나는 '하늘나라에 못 가면 모두 지옥에 간다!'라는 말은 백 번 죽었다 깨어도 못한다. 이건 차라리 아동학대다! 이 말이 여러분의 심기를 불편하게 했다면 미안하다. 하지만 마태 25장을 보면 누구도 자기가 하늘나라에 간다고 장담할 수 없다. 왜냐하면 구원받은 이들이 자기가 구원받은 줄 몰랐다니까!

생의 마지막에 우리는 얼마나 사랑했는지 또는 사랑하지 않았는지를 두고 심판받을 것이다. 그것이 궁극의 시험이다. 너는 가장 보잘것없는 사람, 도저히 참아줄 수 없는 사람을 어떻게 대하였느냐? 머잖아 성인으로 추대될 도로시 데이는 이렇게 말했다. "내가 보잘것없는 비천한 사람을 사랑하는 그만큼 나는 참으로 하느님을 사랑하는 것이다." 이는 예수님 말씀의 다른 표현이다. 우리는 보잘것없는 사람을 사랑하는 그만큼 하느님을 사랑한다. 그러니 여러분이 참아줄 수 없는 사람, 여러분에게 해를 입힌 사람, 여러분을 화나게 한 사람에 대하여 다시 생각해 보길 바란다. 그들의 선명한 이미지가 아직 남아 있는가? 그들을 떠올리면 여전히 기분이 안 좋은가? 그만큼만 하느님을 사랑하는 거다.

사랑한다는 것은 어려운 거다. 유행가에 나오는 사랑 따위가 아니다. 여러분이 작성한 명단에서 가장 마지막에 있는 누군가를 위해서 여러분 삶을 내어놓을 때 비로소 시작되는 것이 사랑이다. 사랑은 그런 것이다.

도저히 참아줄 수 없는 어떤 사람이 하늘나라에서 영원히 우리와 함께 있기를 희망할 때 비로소 우리는 하느님처럼 사랑한다는 게 무엇인지 알게 될 것이다. 그것은 얼마나 힘든 일인가? 그래서 하느님의 놀라운 은총이 필요한 것이다. 우리 안에서 우리를 통하여 우주의 하느님이 누군가를 사랑하시게 해드리는 거다. 여러분이 명단 맨 끝에 이름을 써넣은 그 사람 역시 하느님께서 사랑하시어 자신을 내어주신 바로 그 사람이다. 그분이 우리에게 말씀하신다. "나는 네가 나의 도구가 되어 그를 사랑하기를 바란다." 그러면 우리는 대답할 것이다. "아, 아니요, 주님. 전 싫습니다." 그래도 하느님은 우리를 부추기신다. "난 네가 그렇게 하기를 바란다. 네가 사랑을 모르는 세상에서 사랑이 되기를 원한다."

십자가의 성 요한은 말한다. "사랑이 없는 곳에 사랑을 심어라. 그러면 네가 사랑을 보게 될 것이다." 이 말을 되뇌고 마음에 새기자. 우리가 마음으로 하느님께 순종하면 그분은 그렇게 바꿔놓으실 수 있다.

나는 교구 소신학교 학생이던 저스틴 파티카 이야기를 자주 한다. 정말 그 아인 내 인내의 바닥을 보게 해주었다. 예수님이 원수를 사랑하라고 하셨지만 바로 그 녀석이 내 원수였다. 참으로 무례하고 버릇없는 학생이었다. 그래서 나는 기도해야 할 사람들 명단에 그의 이름을 써넣고 그를 당신과의 긴밀한 관계로 이끄시고 그에 대한 내 생각을 바꿔달라고 날마다 기도했다. 그렇게 기도하면서도 나는 그 아이가 정말 싫었다. 물론 나는 예수님을 따른다는 게 자기 감정을 따르는 게 아니라는 것 정도는 알고 있었다. 예수님이 그를 위해서 기도하도록 인도하셨고 그분이 또한 그 아이를 사랑하신다는 것도 알고 있었기에 노력했다. 하루는 주님께서 막 시작하게 될 피정에 그를 초대하라고 말씀하셨다. 나는 '싫다'라고 말씀드렸지만 그분은 내 대답을 용납하지 않으셨다. 그래서 할 수 없이 저스틴을 피정에 초대했다. 저스틴은 피정에 참석했고 놀랍게도 그는 회심을 하였다. 지금 그는 평신도 선교사가 되어 많은 젊은 이를 그리스도께 인도하고 있다. 내 느낌을 따르지 않고 하느님 뜻에 순명하자 그분은 나라는 모자란 도구를 써서 저스틴을 훌륭한 복음의 일꾼으로 만드신 것이다. 나는 더 많은 이를 위해서 내가 그렇게 쓰였으면 한다. 아직도 그들을 향한 내 마음을 바꿔달라고 주님께 부탁드릴 사람들이 많이 있으니까.

도저히 참아주기 어려운 누군가를 사랑하고 싶은 마음이 있는가? (그렇다고 말하라.) 여기 도움이 될 만한 방법이 있다. 여러분에게 해를 끼쳤거나 여러분을 미워하거나 무슨 이유로든 내가 좋아하지 않는 사람들 명단을 만들고 매일 그들의 이름을 부르며 기도하는 거다. 그들을 축복하시고 그들에 대한 내 생각을 바꿔달라고 하느님께 청하라. 이러느니 차라리 죽는 게 낫다는 생각이 드는 사람이 있을지도 모르겠다. 좋다! 바야흐로 여러분은 자기 방식이 아닌 하느님 방식으로 누군가를 사랑하기 시작한 것이다.

사랑은 언제나 봉사로 이어진다. 수년 전, 나는 동료 신부와 함께 로마에서 성녀 마더 데레사가 창립한 사랑의선교수녀회에서 미사를 집전할 기회가 있었다. 미사를 마치고 수녀원에서 아침식사를 하다가 벽에 걸려있는 마더 데레사의 유명한 말씀을 보게 되었다.

침묵의 열매는 기도
기도의 열매는 믿음
믿음의 열매는 사랑
사랑의 열매는 봉사
봉사의 열매는 평화

나는 이 글을 액자에 담아 침실에 걸어놓고 날마다 되새긴다. 기도는 믿음으로, 사랑으로, 봉사로 이어진다. 우리가 사랑하는 사람이 될 때 그 열매는 섬기는 사람으로 나타난다. 여러분이 살면서 하느님의 뜻을 찾고자 애쓰면 여러분은 좀 더 사랑하는 사람, 좀 더 봉사하는 사람이 된다. 언제나!

젊은이들이 자주 내게 묻는다. "신부님, 저 사람과 결혼해야 할지, 신부님이 되어야 할지 모르겠어요." 그러면 나는 이렇게 대답한다. "너를 좀 더 사랑하는 사람, 좀 더 잘 섬기는 사람이 되게 하는 쪽을 택하는 게 좋겠지. 그게 널 좀 더 사랑 어린 사람으로 만들어 주는지, 네 삶을 포기하고 다른 사람을 섬기는 사람이 되게 하는지 생각해 봐." 사명이란 내가 원하는 일을 하는 게 아니다. 하느님이 원하시는 일을 하는 거다. 그리고 그건 언제 어디서나 누군가를 섬기는 것이다.

성모 마리아를 생각해 보라. 하느님의 뜻에 "예"라고 대답하셨을 때, 그리하여 하느님의 어머니가 되셨을 때, 그분은 우주의 하느님을 당신 몸에 모시게 되었다. 만일 누군가가 "알다시피 난 나 자신을 먼저 돌봐야 해. 내 안에 하느님을 아기로 모시고 있으니까"라고 할 수 있다면 바로 그분일 테다. 그런데 그분은 그러지 않으셨다! 그분이 맨 먼저 하신 일은 무엇이었나? 섬김이었다. 그분은 서둘러 임신한 엘리사벳을 돌보러 가셨다. 당신 집을 떠나 다른 사람을 돌보러 먼 길을 떠나셨다. 자기 자신을 돌보기 전에 말이다! 놀랍지 않은가? 하느님은 그분이 당신께 "예"라고 하시자 넘치는 복을 내리셨다. 그러고는 엘리사벳을 돌보라고 보내셨다. 마리아는 기꺼이 그 일을 하셨다. 엘리사벳을 당신보다 앞에 두셨던 것이다.

그렇다면 누가 마리아를 돌봐주었는가? 하느님이시다. 요셉이다. 여러분이 자신을 꼴찌로 두면 하느님은 여러분을 첫째가 되게 하신다. 세상은 너 먼저 돌보라고, 네가 먼저라고, 아무도 너를 대신해 주지 않는다고 가르친다. 하지만 하느님은 그렇게 말씀하시지 않는다. 하느님의 뜻을 식별할 때 여러분은 언제나 자신보다 먼저 다른 사람을 돌보게 될 것이다.

대형 서점이 이른바 자기 계발 서적들로 넘쳐나는 걸 보고 나는 놀라지 않을 수 없다. 두껍기는 왜 그리 두꺼운지, 사람들은 이런 유의 책을 읽고 나서 대개는 다른 비슷한 책을 잡는다. 나는 수많은 자기 계발 서적을 독파한 한 친구를 알고 있다. 그는 늘 내게 이렇게 말한다. "이봐, 신부. 이 책 한번 읽어봐." 그는 이름깨나 알려진 구루들을 끝없이 찾아다닌다. 하지만 그들 가운데 누구도 그에게 평화를 주지 못했다. 그는 늘 걱정이 태산이다. "나는 식구들을 먹여 살려야 해. 이것도 해야 하고, 저것도 해야 하고… 돈도 많이 벌어야지. 물론 건강도 챙겨야 하고, 휴식도 충분히 취해야 해. 생활도 규모 있게 해야지. 좋아, 알았어. 이 책이 시키는 대로 해보는 거야." 그러나 딱하게도 그 책 가운데 어느 것도 그에게든 다른 누구에게든 평화와 영원한 생명을 주지는 못할 것이다.

그건 그리스도나 그분 모친이 사셨던 삶이 아니다. 그분들은 모든 걸 내어주셨다. 또한 그것은 성인들의 삶도 아니다. 성인들도 모든 것을 그냥 내어주셨다. 다른 사람들을 자기 앞자리에 두었다. 여러분이 하느님의 뜻을 식별하고 그분이 주신 사명을 완수코자 할 때 사랑과 봉사의 삶을 살게 될 것이다.

우리가 해야 할 일은 세상의 보잘것없는 이들을 돌보는 것이다. 하지만 여기서 우리는 '가짜 겸손'을 경계해야 한다. 여러분은 이 말이 무슨 뜻인지 알 거다. 마치 무슨 '거룩한' 게임을 하는 것처럼, "오, 저는 쓸모없는 사람입니다. 저는 벌레만도 못 합니다"라는 말을 입에 달고 다니는 사람들이 있다. 교회 안에 그런 '가짜 겸손'을 떠는 사람들이 많다. 그런 말을 하면 자기가 꽤나 겸손한 줄 아는 모양이다. 아니다, 정반대. 천사에게 하느님 어머니가 되라는 말을 들었을 때 마리아는 "저는 쓸모없는 자입니다. 다른 사람을 찾아보십시오"라고 하시지 않고 "저는 주님의 종입니다. 말씀하신 대로 저에게 이루어지기를 바랍니다"루카 1,38라고 하셨다. 이 말을 현대식으로 옮기면 이렇다. "당신이 그렇게 원하시면 저도 원합니다. 당신이 원하시면 저도 원합니다." 마리아한테서는 그 어떤 '가짜 겸손'도 찾아볼 수 없다.

겸손은 진실이다. 자기 자신에 대한 진실이다. 자기를 아는 것이다. 하지만 자기한테 집중하는 건 아니다. '가짜 겸손'은 늘 자기한테 집중하지만 '진짜 겸손'은 언제나 하느님과 다른 사람들에게 집중한다. 이것은 자기를 미워하라는 뜻이 아니다. 우리는 다른 누군가를 위해서 살아야 하는데 먼저 자기 자신을 사랑하지 않으면 그렇게 살 수 없다는 말을 하고 있는 거다.

앞에서 말했거니와, 예수님은 아버지께 '너는 내가 사랑하는 아들이다'마르 1,11라는 말씀을 들으셨을 때부터 당신 안에 권능과 능력을 얻으셨다. 당신이 사랑받고 있음을 아셨기에 기꺼이 다른 사람들을 위해 당신 목숨을 내어줄 수 있으셨다. 우리 기도가 여기까지 미쳐야 한다. 우리가 사랑받고 있음을 알아야 한다. 날마다 그분 품에서 보내는 시간을 가져야 한다! 이에 대해서는 4장에서 좀 더 얘기하겠다.

사람들은 자기 목숨을 내어주면 모든 게 끝날 거라고 두려워한다. 여러분도 정말 그렇게 생각하는가? 나는 독신 서약을 하던 날을 잊을 수 없다. 그날은 1988년 10월 15일이었다. 당시 영적 지도신부였던 피터슨 신부님한테 일주일 전에 이렇게 말씀드렸다. "제가 독신 서약을 잘 지킬 수 있을지 모르겠어요." 그분은 나를 빤히 보더니 툭 한마디를 던지셨다. "리처즈, 자네는 독신보다 겸손이 문제일세." (신부님, 고맙습니다.) 나는 자리에 앉아서 말했다. "좋아요, 신부님. 그래도 전 자신이 없어요." 그러자 그분이 말씀하셨다. "아무 말 하지 말고 가서 기도나 하게." (이것은 그분이 늘 내게 하던 말씀이었다.) 그날도 나는 잠들기 전에 이렇게 기도드렸다. "주님, 이것이 당신께서 원하시는 길이면 가겠습니다. 그래도 저는 제 아이들이 있으면 좋겠어요. 진심이에요." 그것이 사실 나의 정직한 마음이었다. "나는 아이들을 갖고 싶다!" 그러고는 잠들었다가 한밤중에 아빌라의 데레사 성녀의 액자가 벽난로에서 떨어지는 소리에 깨어났다. 거짓말이 아니다. 그날은 10월 15일, 아빌라의 성녀 데레사 축일이었고, 나는 정신을 차려 다시 독신 서약을 위해 기도드렸다. "주님, 저에게도 제 아이들이 있으면 좋겠습니다. 제가 독신 서약을 지킬 수 있을지 모르겠지만, 주님, 당신을 믿습니다." 그날 나는 내가 아이들을 갖지 않는 것이 하느님의 뜻임을 알았다. 그분은 '래리 2세들'이 사방으로 돌아다니지 못하게 하는 것으로 세상에 큰 호의를 베푸실 참이셨다.

그날 늦게 독신 서약을 했다. 마이클 머피 주교님이 물으셨다. "이제 여러분은 마음을 주 그리스도께 봉헌한다는 증거로 하늘나라를 위하여 하느님과 사람에게 봉사하며 이 독신을 종신토록 지키겠습니까?" 나는 "예, 그렇게 하겠습니다" 대답하고 반지를 받아 왼쪽 손가락에 끼었다. (이젠 살이 너무 쪄서 빼는 것도 어렵다.) 그 반지에는 이런 글이 새겨져 있다. "내가 너희를 사랑한 것처럼 너희도 서로 사랑하여라." 물론 그것은 요한 13,34에 있는 예수님의 명령이다. 나는 늘 이 말씀을 상기한다. 우리는 하느님의 방법으로 사람들을 사랑해야 한다. 이것이 내가 해야 할 일이다. 언제나 잘하진 못했지만 그래도 그렇게 하는 것이 나의 이상이다.

나는 독신 서약하던 날을 결코 잊지 못할 것이다. 반지를 끼면서 나는 말씀드렸다. "주님, 당신은 저의 모든 것입니다." 나는 내가 독신의 삶을 절대 포기하지 않을 것임을 알았다. 하느님의 은혜로 쉰 살을 넘겼는데 아직 총각이다. 그날 일반 사람들이 겪는 일을 나는 경험하지 못하리라는 걸 알았다. 나는 성생활을 못 할 것이고 그래서 자녀들을 갖지 못할 거라는 사실이 조금 슬프긴 했다. 그게 쉽지 않다는 것도 알았지만 그래도 예수님이 나에게 바라시는 것이니 받아들였다. 앞으로도 나는 하느님 은총으로 하느님과 그분 백성을 사랑할 것이다.

나는 하느님을 위해서 꽤나 선심을 써서, 내가 좋아하는 무엇을 포기했다고 생각했다. 하지만 나의 영적 지도자는 이렇게 말하는 것이었다. "래리, 자네도 알다시피 자네가 성직자가 된 것은 하느님한테 선심을 쓴 것이 아닐세!" 나는 정말 내가 그렇게 했다고 생각한 적이 있었다. 하지만 하느님은 나에게 말씀하신다. "이를 위해 내가 너를 지었다." 그래서 내가 하느님을 위하여 뭔가 한다고 생각할 때마다 그분께서는 영적 지도자를 통해서 그렇지 않음을 일깨워 주셨다.

아무튼 독신 서약을 하자마자 나는 터치(TOUCH, 그리스도교 십 대 소년 소녀 돌보기 모임)라는 모임에 참여하게 되었다. 160명의 아이들이 있는, 교구에서 가장 큰 모임이었다. 그 뒤 아이들이 내게와서 말했다. "신부님Father, 선물이에요." 그때가 바로 내가 '신부'라는 호칭으로 불린 첫 경험이었다. "선물? 고맙다. 그런데 뭔지 궁금한데?" 그 녀석들이 가져온 선물 가운데는 성 프란치스코의 '평화의 기도'가 새겨진 액자가 있었다. 그것은 지금도 내 방에 걸려있다. 녀석들은 내가 얼마나 프란치스코 성인을 좋아하는지 알고 있었나 보다. "고맙다." 아이들은 "다른 것도 있어요"라며 작은 상자를 내밀었다. 거기엔 성 크리스토포로 메달이 있었다. 지금 내가 걸고 있는 메달이다. 나는 탄성을 질렀다. "와, 성 크리스토포로!" 그러자 녀석들이 말했다. "감탄은 그만하고 메달 뒤를 보세요!" (이 녀석들이 감히 내 말을 흉내 내다니!) 자, 여러분은 못 보겠지만 그 메달 뒤엔 이런 글이 새겨져 있다.

88-10-15

축하합니다

사랑합니다
래리의 아이들

　나는 한 번도 그 녀석들을 '내 아이들'이라고 부른 적이 없었다. 내가 그 전날 하느님께 드린 말씀은 "저는 아이를 갖고 싶습니다"였다. 그런데 하느님은 그다음 날 160명의 아이들을 주셨다! 맙소사, 하느님! 나는 내가 아이들을 포기함으로써 하느님한테 선심을 썼다고 생각했다. 그런데 하느님이 말씀하셨다. "너 바보냐? 정말 네가 나보다 더 너그럽다고 생각하느냐?" 답은 물론 "아닙니다"다. 절대로 아니다. 우리가 하느님께 너그럽다면 그분은 언제나 우리보다 더 너그러우시다.

　너그러움에 대하여 말한다면, 모든 그리스도인은 어떻게든 가난한 이들을 돌봐야 한다. 여러분도 마찬가지다. 미룰 일이 아니다. 이 지구 별에서 매일 약 2만 4천 명의 어린이들이 가난과 연관된 질병으로 죽어가고 있다. 여러분은 하느님이 이렇게 물으신다면 뭐라고 대답할 참인가? "네가 살았을 때 하루에 2만 4천이나 되는 어린이가 굶주려 죽어갔다. 나는 너에게 그들을 돌볼 수 있을 만큼 충분한 재산을 줬다. 하지만 너는 너 자신을 먼저 돌보았다. 어떻게 생각하느냐?" 여러분은 그분께 "하지만 그들은 제 아이들이 아닙니다"라고 말씀드릴 텐가? 그러면 그분은 이렇게 말씀하실 것이다. "맞다, 그 아이들은 네 아이가 아니라 내 아이들이었다. 하지만 나는 너에게 그들과 나누어 먹고 살 수 있을 만큼의 재산을 주었다. 그런데 너는 그걸 너만을 위해서 썼지."

하느님의 사람들이여, 여러분이 구원받으려면 가난한 이들을 돌봐야 한다. 끊임없이 그렇게 해야 한다. 그래서 나는 여러분에게 제삼세계 아이들의 양부모가 되기를 권한다. 한 달에 30달러면 된다. 단돈 30달러, 하루에 1달러다! 지금 나는 그 비용을 말하고 싶은 게 아니다. 누구든지 할 수 있다. 하루에 커피 한 잔만 덜 마시면 된다. 아침마다 자신을 위해서 커피 한 잔 마실 것이냐? 아니면 누군가 하루를 연명하도록 그것을 내어놓을 것이냐? 선택은 여러분 몫이다. 여러분이 하느님의 뜻을 이루어 드리려면 가난한 이들을 돌봐야 한다. 간단한 일이다.

우리가 해야 할 두 번째 일은 가족을 돌보는 것이다. 교회에서는 성인 같지만 집에서는 폭군이 되는 사람들이 있다. (물론 신부들도 포함된다.) 마더 데레사가 말씀하셨다. 여러분의 가족을 먼저 사랑하라고. 그러므로 먼저 가족을 섬기고 그다음에 본당, 공동체, 세상을 섬겨야 한다. 결혼한 사람은 배우자를 통해서 그리스도를 경험할 수 있다. 여러분의 배우자는 분명, 여러분에게 베푸시는 그리스도의 성사$_{聖事}$다. 이렇게 말하는 사람도 있을 것이다. "신부님, 제 배우자는 다른 종교인데요." 그렇다면 묻고 싶다. 왜 그 사람과 결혼했느냐고. 나는 아이들에게 자주 말한다. "애들아, 너희보다 예수님을 더 사랑하지 않으면 그 사람하고 결혼하지 마라." 그러면 아이들이 말했다. "신부님, 기준이 너무 높은데요." 내가 말한다. "나는 그보다 훨씬 높은 기준으로 평생을 누구와 결혼했다!" 여러분은 배우자에게 그리스도의 성사가 되었다. 그러니 먼저 그들을 사랑해야 한다.

여러분의 자녀들도 마찬가지다. 그 아이들은 저마다 여러분이 아니라 하느님의 모습으로 빚어진 존재들이다. 여러분이 해야 할 일은 먼저 그들을 사랑하는 것이다. 실제로 사랑하려고 노력해야 한다. 여러분은 날마다 남편, 아내, 아들, 딸들을 사랑하기 위해 무엇을 하고 있는가? 이렇게 말할 사람도 있을 거다. "음, 난 가족을 위해 일합니다." 좋다. 직장에서 돌아오면 가족의 말에 귀를 기울이는가? 가족과 이야기를 나누는가? 가족을 자주 안아주는가? 아내나 남편에게 하루가 어땠느냐고 물어보는가? 가정은 친밀한 관계가 이루어지는 곳, 바깥 사람들은 못 보는, 서로의 내면을 들여다보는 곳이어야 한다.

이 말을 좀 더 설명하겠다. 나는 분노라는 문제를 안고 있었다. 그 문제로 상담을 받기도 했다. 분노 조절 프로그램에 참석도 해보았다. 내 경우 분노가 문제의 핵심은 아니었고, 그보다 깊은 문제가 있었다. 진짜 문제는 두려움과 상처였고, 분노는 나를 지키기 위해서 사람들을 멀리 떼어놓는 하나의 방편이었다.

사람들마다 나한테서 무언가를 원하는 것 같다. 그래서 때로는 그들을 떼어놓으려고 분노라는 수단을 썼다. 사실이다. 그게 내가 독신을 유지하는 방법이기도 했다. 수년 동안 그것이 내 일을 최선 또는 최악으로 만든 방편이었다. 그것이 자랑은 아니지만 내 죄의 한 부분인 건 사실이다. 어쨌거나 그전의 나는 늘 주고 또 주고 계속 주어야 했다. 엄청나게 많은 말을 하고 본당의 모든 일을 하다 보니 더 이상 감당할 수 없게 되었다. 그리고 그날은 스트레스에 찌든 크리스마스였다. 나는 피츠버그 어머니 집 이 층 계단에 선물 꾸러미를 내려놓으며 "메리 크리스마스!" 하고는 아래층으로 내려가 방문을 닫았다. 하지만 독일인 피가 약간 섞인 어머니는 나를 혼자 있게 놔두지 않으셨다. 잠시 뒤 어머니는 들어오시더니 내 앞에 서서 물으셨다. "왜 그래, 무슨 일이 있어?"

그동안 나에게 괜찮으냐고 물어본 첫 번째 사람이 바로 우리 어머니였다! 그분은 내 분노와 불손한 태도를 넘어 더 깊이 들어와서는 잔뜩 뒤틀린 내 속을 들여다보셨다. 그분이 나를 보신 것이다. 이것이 내가 말하는 가족의 친밀함이다.

여러분 가정이 그런 친밀한 곳인가? 짜증 내는 남편에게, 짜증 좀 그만 내라고 하면 그 결과가 어떻던가? 짜증이 화로 폭발했을 것이다. 여러분이 남편의 문제를 들여다보지 않고 표면만 보았기 때문이다. 만일 그에게 "여보, 속상한 일이 있는 거야? 걱정되는 일이 있어요?"라고 물었다면 어느 정도 남편의 짜증을 가라앉히는 데 도움이 되지 않았을까.

사람들은 모두 가족이 화목하기를 바라지만 보통은 그렇

지 못하다. 그래서 다시 묻고 싶다, 여러분 가정은 화목합니까? 여러분 가족은 서로 지지합니까?

몇 년 전, 캔자스시티에서 남성들을 위한 강연이 있었다. 성당 뒤편에 흑인 소년 하나가 큼지막한 코트와 검정 부츠 차림으로 일없이 서성거리고 있었는데, 내 말을 듣고 있지 않다는 것이 분명했다. 내가 말을 할수록 그 아이는 지루해하는 눈치였다. 강의가 끝나고 나는 녹초가 되어 그곳을 떠나게 되었다. 본당의 다른 일이 나를 기다리고 있기 때문이었다. 그때 그 아이가 내게 달려왔다. 나는 속으로 '아이고, 저 녀석이 아예 나를 죽일 참인가?' 하고 있는데 "신부님, 신부님" 하며 작은 종이쪽지를 내밀었다. 내가 강의를 하는 동안 지겨워하던 녀석이라 처음엔 무슨 안 좋은 글이 적혀있을 거라 생각했다. 하지만 차에 타서 쪽지를 보니 겉에 '팍스 옴니 Pax Omni'라고 써있었다. "온 세상에 평화"라는 뜻이다. 접힌 종이에는 이런 글이 적혀있었다. "어떤 사람은 수천 년 동안 과한 칭송을 받으며 죽어간다. 하지만 매분, 한 아이는 그 칭찬의 결핍으로 속으로 죽어가고 있다." 사람이란 언제나 보이는 것과 속사정이 다르다는 사실을 나 자신에게 일깨워 주려고, 나는 그 쪽지를 지금도 성경에 껴서 갖고 다닌다.

　순간 나는 뒤통수를 얻어맞은 것 같았다. '그래, 우리는 가족끼리 서로를 일으켜 세워주는가?' 그것이 바로 하느님의 뜻이다. 우리는 서로를 격려해 주는가? 아니면 헐뜯고 있는가? 여러분이 어쩌다가 아이들을 꾸짖거나 모질게 대해야만 할 때라도 날마다 그들을 지지하는 것을 잊지 말아야 한다.

　나는 언젠가 아버지한테 된통 혼났던 날을 잊을 수 없다. 야단맞을 짓을 했으리라. 무슨 일로 그랬는지는 지금은 기억나지 않지만 아버지는 한참을 야단치고 나서 "래리, 너를 많이 사랑한다. 그래서 이러는 거다"라며 어루만지고 껴안아 주시던 모습이 지금도 생생하다.

　여러분은 아이들을 꾸짖으면서 그러는가? '너를 사랑해서 그러는 거야'라고 말해주는가? 우리는 가족끼리 서로 일으켜 세워주고 있는가? 그러라고 하느님이 우리를 부르신 거다.

　우리가 속한 교회, 교구, 공동체에서 너그러운 사람이 되자. 우리는 주는 쪽인가? 아니면 받는 쪽인가? 나는 수만 번도 더 말했다. 그리스도교에서는 '받는 사람$_{taker}$'은 없다고! 오직 '주는 사람$_{givers}$'만 있다고! 여러분과 내가 받은 선물이 있다면 그것은 모두 섬기라고 주신 것이다.

나는 거울을 보며, "래리, 너는 네 죄를 뉘우치느냐?"라고 물을 수 없고, 다시 거울을 돌아보며, "아, 예, 신부님. 제 죄를 뉘우칩니다"라고 말하며, 나 자신에게 "내가 네 죄를 사하노라"고 할 수도 없다. 내가 나 스스로를 용서한다면 그건 대단한 속임수다. 안 그런가? 나에게는 내 죄를 용서할 권한이 없다. 내가 나에게 세례를 줄 수도, 기름을 부어줄 수도 없다. 내가 신부로서 받은 선물들 가운데 나 자신을 위해서 쓰라고 주어진 건 하나도 없다. 그 모든 선물은 다 '그분'을 위해서 주신 거다.

여러분도 마찬가지다. 여러분과 내가 받은 선물은 모두 하느님께서 당신의 몸인 교회를 위해서 쓰라고 주신 것이다. 하느님은 당신 몸의 아름다움 안에서 그것을 일으켜 세우라고 우리를 창조하셨다. 여러분이 받은 선물을 돈 벌고, 식구들을 먹여 살리고, 자기 자신을 가꾸고, 명성을 높이는 데만 쓴다면 그건 하느님의 선물을 낭비하는 것이다. 그리스도의 몸을 해치는 것이다. 그분이 우리에게 무엇을 주신 것은 그것으로 그리스도의 몸인 교회를 섬기기 위한 거다.

이것이 교회 안에서 여러분을 부르신 목적이요 사명이다. 여러분 각자는 맡은 일을 감당해야 한다. 여러분은 일이 너무 많아 감당할 수 없다고 생각할지 모르겠다. 하지만 기도는 할 수 있다. 주어진 사명을 감당할 모든 사람을 위한 전구자가 될 수 있다. 우리가 살아있는 동안 맛볼 수 있는 가장 힘 있는 순간은 누군가를 위해서 기도하는 때다. 지금 예수님께서 무슨 일을 하고 계실까? 우리를 위하여 간구하고 계신다.

봉쇄 수도원에서 오직 기도하며 생활하는 가르멜 수녀님들을 가리켜 인생을 낭비한다고 말하는 사람이 있는데, 누굴 놀리자는 건가? 그분들은 자신의 일생을 우리를 위해 내놓으신 분들이다. 그분들은 우리를 위해서 기도하신다. 내가 조금이라도 맡겨진 일을 제대로 한다면 그것은 신학생 때부터 나를 위해 기도해 주시는 가르멜 수녀님들 덕분이다. 30년이 넘도록 그분들은 나를 위해서 매일 기도하고 계신다.

그분들은 일 년 내내 나를 위해서뿐 아니라 내가 하느님의 말씀을 전할 때도 하느님의 뜻을 이루게 해달라고 기도하신다. 나는 본당 성체조배실 앞 팻말에 내가 어디에서 누구에게 설교하는지를 알려주고 나와 내 설교를 듣는 이들을 위해서 기도를 부탁하는 메모를 적어놓는다. 본당 신자들도 나를 위해 기도해 준다. 그리고 나를 위해서 기도하는 이들이 전 세계에 걸쳐있는데, 여러분도 그중에 하나일 수 있을 것이다. 내가 맡은 일을 감당할 수 있도록 힘을 주는 것은 하느님의 전능하신 은총과 나를 위해서 드리는 많은 이의 전구다.

때로는 사람들이 자기의 나약함과 재능 부족을 강조하며 스스로 '불쌍한 편'에 선다. 생각해 보라, 그리스도께서 언제 가장 힘이 있으셨던가? 십자가에서였다! 그분이 가장 무능하고 가장 나약하고 부서질 것 같았을 때 그때가 바로 세상을 구원하신 때다! 마찬가지로 여러분과 내가 가장 약할 때, 그때가 하느님이 당신의 영광을 위해서 우리를 쓰실 때다. 그분은 우리에게도 바오로에게 주신 것과 같은 말씀을 주신다. "너는 내 은총을 넉넉히 받았다. 나의 힘은 약한 데에서 완전히 드러난다." 2코린 12,9 하느님은 오늘도 여러분에 대한 완벽한 계획을 갖고 계시다. 그렇지 않으면 살 수 없다. 자신의 나약함이 아니라, 그분과 그분의 능력을 믿고 의지하라!

하느님의 뜻을 이루어 드리는 데는 사랑과 봉사가 포함된다. 집 안에서 살림을 하느라 밖으로 나갈 수 없다면 사람들을 위한 전구로 그들을 섬길 수 있다. 그렇게 해서 여러분이 그들을 사랑한다는 사실을 보여주는 것이다. 그럴 때마다 여러분은 은총의 도구가 된다.

한 가지 예를 들어보겠다. 돋보기로 종이에 햇볕을 쬐어보라. 돋보기에 햇빛이 모여서 종이에 불이 붙을 것이다. 사람들을 위하여 전구한다는 것은 돋보기가 되는 것이다. 하느님의 은혜가 우리를 완전히 에워쌀 것이다. 이 세상에 그분 은총이 미치지 않는 곳은 없다. 여러분과 내가 사람들을 위해서 기도할 때 우리를 통해 하느님의 은총이 모아져 성령의 불꽃이 일어난다. 그러니 사람들을 위해서 기도하자. 그들을 위해서 진심으로 기도하는 것이 우리가 할 수 있는 가장 크고 소중한 일이다. 다른 일 하나는 그들을 위해 단식하는 것이다. 단식은 햇빛을 더 잘 모으기 위해 돋보기에 묻은 때를 닦아내는 것과 같다.

여러분은 그리스도를 모르는 자녀들을 위해서 기도하는가? 자녀들을 위해 20년이나 기도했다는 분들도 있다. 하지만 모니카는 아들 아우구스티노를 위해 30년이나 줄곧 기도했고, 그래서 아들이 위대한 성인이 되었다. 그 어머니도 아들 못지않은 성인이다. 아우구스티노가 그리스도를 만난 것은 어머니 기도 덕분이었다. 같은 일이 여러분한테도 일어날 수 있다.

내어줄 것이 별로 없다고 생각될 때 잘 보시라. 여러분한테도 줄 것이 많이 있다. 우선 세상 사람들을 위해서 기도할 수 있다. 이것을 상기하기 위해 여러분 방에 십자가를 걸어놓고, 자신이 무능하여 아무것도 할 수 없다는 생각이 들 때마다 사랑과 섬김의 표지인 십자가를 바라보라. 예수님에게 가장 위대했던 순간은 사람들이 그가 패배했다고 생각하던 바로 그 순간이었다. 이 엄연한 사실을 극명하게 보여주는 것이 십자가다. 십자가는 세계 역사상 가장 위대한 순간을 가리키고 있다.

살면서 무력감이 느껴질 때 십자가의 예수님을 바라보자. 그분은 십자가 위에서 세상을 바꿔놓으셨다. 그분은 우리에게 당신의 고난과 고통을 통하여 함께 세상을 바꾸자고 하신다. 성 바오로가 콜로새 교회에 보낸 편지에 나오는 이 말씀이 바로 그런 뜻이다. "그리스도의 환난에서 모자란 부분을 내가 이렇게 그분의 몸인 교회를 위하여 내 육신으로 채우고 있습니다." 콜로 1,24

이를 실천하는 놀라운 방법 가운데 하나가 만사를 하느님께 바치는 것이다. 이것이 그리스도의 고통을 사람들과 함께 나누는 방법이다. 예전에는 교회가 이것을 많이 가르쳤는데, 유감스럽게도 요즘은 좀 시들해졌다. 아주 슬픈 일이다.

전에 병원 원목 사제로 일할 때, 음주 운전을 한 오빠 차에 탔다가 사고를 당한 20대 초반의 한 여성을 만났다. 내가 병실에 들어갔을 때 그녀는 극심한 통증으로 괴로워하고 있었다. 그녀에게는 오빠를 원망하는 마음이 가득했다. 내가 그녀에게 고통에서 벗어나고 싶으냐고 묻자 그녀는 고개를 끄덕였다. 그러면 오빠를 용서하고 이 모든 고통을 오빠를 위해 하느님께 바치라고 했다. 그녀에게는 그럴 마음이 조금도 없어 보였다. 오히려 욕설을 퍼부으며 나를 쫓아냈다. 내가 오빠를 용서하고 모든 고통을 하느님께 바치라고 했기 때문이었다.

이틀 뒤, 간호사가 와서 그녀가 나를 만나고 싶어 한다는 말을 전해주었다. 내가 병실에 들어가니 그녀는 함박웃음을 지으며 나를 바라보았다. 내가 물었다. "무슨 일이 있었어요?" 그녀는 그날은 내가 너무 미웠다고 하며 이렇게 말했다. "신부님 말씀을 듣고 너무 화가 났어요. 하지만 얼마 있다가, 어쨌거나 지금 내가 이토록 아픈데 신부님 말씀대로 한번 해보자는 생각이 들어 오빠를 용서하기로 했어요. 그리고 나서 내 고통을 오빠를 위해 바쳤더니, 무슨 일이 일어났는지 아세요? 그 지독한 통증이 말짱 사라진 거예요."

바로 이것이다! 우리가 모든 걸 그분께 바칠 때 무슨 일이 일어나는지 아는가? 물론 여러분에게 상처를 준 사람을 위해서 고통을 바쳤다고 해서 반드시 고통이 없어진다고 할 수는 없다. 하지만 그것이 바로 구원의 시작이다. 그때 여러분은 이 세상의 또 다른 그리스도가 된다. 잘못된 세상에 대해, 나쁜 일에 대해 되뇌는 대신, 그 고통을 하느님께 바쳐라. 세상을 바꿔라. 다른 사람들을 구원으로 인도하라. 이 땅의 또 하나의 그리스도가 되라. 여러분과 내가 이 땅에서 또 다른 그리스도가 되는, 이것이 하느님의 뜻이다. 이것이 우리에게 주어진 사명이고, 지금이 그렇게 할 때다.

행복을 위한 발걸음

1. 우리가 어떻게 사랑하고 봉사하며 살기를 바라시는지 하느님께 여쭙자. 무엇이든 그분이 바라시는 대로 하겠다고 말씀드리자.
2. 여러분이 싫어하는 사람들 명단을 작성하고 그들에 대한 생각이 달라지게 해달라고, 그래서 하느님께서 그들을 사랑하듯이 사랑할 수 있게 해달라고 청하자.
3. 사람들을 위해 전구를 청하자.
4. '내어 맡기는 법'을 배워 익히자. 여러분의 고통을 그리스도의 고통에 일치시켜 세상 바꾸는 일을 시작하라.

도움이 되는 기도

아버지, 당신의 자녀인 제가 여기 있습니다.
당신 뜻대로 쓰십시오.
예수님을 저에게 주시고,

저를 통해서 다른 이들과 세상에도 주시어,
세상을 사랑하는 당신의 도구로 쓰십시오.
우리가 서로를 위하여 기도하게 하시고,
예수님께서 우리 안에서, 우리를 통하여,
아버지, 당신이 사랑하신 바로 그 사랑으로
사랑하게 하십시오.
아멘.

― 콜카타의 성녀 마더 데레사

3장

항복하고, 자유로워져라!

"죄를 짓는 자는 누구나 죄의 종이다. 종은 언제까지나 집에 머무르지 못하지만, 아들은 언제까지나 집에 머무른다. 그러므로 아들이 너희를 자유롭게 하면 너희는 정녕 자유롭게 될 것이다." 요한 8,34-36

하느님의 뜻을 식별하려면 자유로워야 한다. 우리는 자신의 욕정을 비롯하여 세상, 악마, 기타 어떤 것에도 노예가 되어서는 안 된다. 자유로워야 한다. 그런데 왜 우리는 노예가 되는 것일까?

누구든지 죄를 지으면 죄의 종이라고 예수님은 말씀하신다. 이것은 세상의 생각과는 정반대다. 세상은 말한다, 네가 하느님의 뜻을 행한다는 건 그분이 너에게 당신 법을 덧씌우는 것이고, 그 법을 좇아서 살 때 너는 하느님의 종인 거라고.

어느 면에서는 옳은 말이다. 나는 예수 그리스도의 종이 되라는 설교를 자주 한다. 바오로도 자기를 그렇게 소개했다. "나 바오로는 하느님의 종이며 예수 그리스도의 사도입니다." 티토 1,1 성인들의 전기를 보면 그분들도 스스로 예수님과 복되신 마리아의 종이 되었다. 하지만 그것은 사랑의 종이다! 자유로운 종이다. 우리를 끔찍이 사랑하시는 전능하신 하느님을 사랑하기에 스스로 원하고 선택한 종이다.

나는 수년간 교구 소신학교에서 교목 사제로 일하면서 동시에 재학생이 3천 명쯤 되는 펜스테이트베랜드대학Penn State Behrend College 교목도 겸임했다. 나는 여러 가지 면에서 저녁형 인간인지라 금요일이나 토요일 새벽 1시쯤 캠퍼스에 나타나곤 했다. 그러면 그때까지 학교에 있던 젊은이들을 만날 수 있었다. 그들은 내가 나타나면, "래리 신부님이다, 래리 신부님이다!"라고 소리 지르며 몰려와서는 온갖 질문을 퍼부어 댔다. 나는 그런 질문을 받는 게 참 좋다. 그것은 젊은이들이 진실을 추구한다는 뜻이고 궁극의 진리이신 하느님이 그들의 질문에 답을 주실 수 있기 때문이다.

요즘 대학 규칙은 어떤지 모르지만 당시 내가 교목으로 근무하던 주립대학에는 예외적인 경우에 이성과 한 방을 쓸 수 있지만 사흘 이상은 허용되지 않았다. 사흘이 지나면 방을 바꿔야 했다. (윤리적으로 좋은 방법은 아니다.) 대학이란 이제 막 성년이 된 젊은이들이 자기네가 말하는 '자유'를 처음으로 맛보는 곳이다. 원하는 모든 것을 할 수 있다. 지켜보는 부모도 없다. 아이들은 가정을 떠나면 다른 모든 것에서도 떠났다고 생각한다. "내가 원하는 모든 걸 할 수 있다. 밤마다 술도 마실 수 있고, 밤마다 원나잇도 할 수 있다. 원하면 뭐든지 할 수 있다. 와, 자-아 유-우다!" 그런데 정말 그럴까? 많은 아이들이 실제로 그러긴 하지만.

어느 날 밤에 나는 캠퍼스를 가로질러 가다가 백 명쯤 되는 젊은이들이 모여있는 곳을 지나갔다. (그렇다. 내가 수를 세어봤다.) 그들 가운데 누구도 웃는 사람이 없었다. 상상이 되는가? 그렇게 밤마다 술을 마시고 밤마다 원하는 상대와 자는 건 다 행복해지려고 그러는 것 아닌가? 그렇다, 이게 내가 말하려고 하는 거다. 여러분이나 내가 하느님의 뜻을 거슬러서 무엇을 하지만 그 모든 일이 결국 우리를 허망하게 만든다. 이상한 일 아닌가?

우리 모두는 가슴속에 나있는 커다란 구멍을 끊임없이 채우려 한다. 그래서 이것으로 채우고 저것으로 채우면 행복할 거라고 생각한다. 하지만 세상에 있는 모든 것은 잠시뿐이다.

소신학교에서 아이들과 함께 피정을 시작하면서 나는 이런 말을 하곤 했다. "너희도 알겠지만 우리는 늘 허전함을 채우려고 한다. 우리 마음에 커다란 구멍이 하나 있는데 그것은 우리가 원죄를 물려받을 때 같이 받은 것 같다. 원죄! 아담과 하와는 하느님과 함께 있을 때는 행복했고 원하는 모든 것을 가질 수 있었고 원하는 모든 일을 할 수 있었다. 그들은 하느님과 함께 너무나 행복했다. 그런데도 그들은 죄를 지었다. 펑! 구멍 하나가 그들 가슴에 뚫렸다. 그 뒤로 우리는 그 구멍을 메우려고 별짓을 다하고 있는 거다."

성녀 마더 데레사는 인도 사람들이 너무 배가 고파서 거리를 돌아다니며 개똥을 주워 먹는다고 했다. 우리가 똑같은 일을 하고 있다. 세상 온갖 쓰레기들로 허기를 달래려 한다. 그 쓰레기들이 잠시 허기를 채워준다 해도 결국은 마음속 구멍은 더 커질 따름이다.

미국 사람들도 그렇고 세상 사람들 모두가 너무나 마음이 허전하다. 그래서 구할 수 있는 온갖 쓰레기들로 그 빈 속을 채우면 잠시 만족감을 느끼지만 계속 그럴 수는 없다. 나는 학생들에게 말하곤 한다. "내가 너희에게 줄곧 죄를 짓지 말라고 하지만 너희 대부분이 내 말을 듣지 않는 걸 알고 있다." 그래서 나는 아주 비비 꼬아 말한다.

"너희는 자신을 위해서 술을 마시는가? 좋다, 마셔라. 마신 걸 다시 토할 때까지 마셔라. 섹스도 그래서 하는 건가? 좋다,

해라. 돈이 너희 허기를 채워줄 거라고 생각하나? 권력이 그럴 거라고 생각하나? 좋다, 뭐든지 하고 싶은 대로 해보아라! 나는 너희가 그러지 못하게 할 수 없다. 하느님도 너희가 원하면 놔두실 거다. 너희에게 자유의지를 주셨으니까. 그러나 내가 분명히 말하지만, 너희는 언젠가 병상에 눕게 될 것이다. 너희는 혼자일 수도 있고 누구와 함께이기도 하겠지만 지옥처럼 허망해질 것이다. 그때, 펜실베이니아 이리에서 온 이 뚱보 신부가 생각날지도 모르겠군. 나는 너희에게 이렇게 말해주고 싶다. '봐라, 내가 뭐랬니?' 너희에게 있는 그 무엇도 내면의 공허를 채워주지 못한다. 아무것도! 몇 시간, 하루나 한 달 또는 한 해 아니면 몇 해는 채울 수 있을지 모르지만 결국 그것들은 너희를 공허하게 할 것이다. 내가 장담한다."

그것은 여러분이 구멍 난 양동이를 들고 있는 것과 같다. 뭐든지 그 안에 넣을 수 있지만 금방 쉬 — 새고 만다. 돈? 쉬 —, 쾌락? 쉬 —, 술? 쉬 —, 채워봐라, 뭐든지 원하는 대로. 곧장 샐 것이다. 한순간, 하루 이틀, 일 년이나 이삼 년은 행복할지 모르지. 하지만 앞에서 말했듯이 결국은 새어나갈 것이고 여러분은 다시 공허해질 것이다.

여러분의 빈 곳을 채워줄 수 있는 유일한 것은 영원한 무엇이다. 하느님과 그분의 사랑이 그것이다. 그 외에 다른 무엇으로 빈 곳을 채우려 하면 할수록 여러분은 더 공허해질 것이다. 노예가 될 것이다. 하지만 그 빈 곳을 하느님의 사랑으로 채운다면 자유와 평화를 맛볼 것이다. 더 이상 자신에게 관심을 갖지 않게 되기 때문이다. 여러분은 온전하고 충만하다. 이제 여러분은 남들한테 더 많은 관심을 기울일 수 있다. 세상이 우리에게 말하는 것과는 정반대지만 이것이 진실이다. 하느님의 뜻에 거역하는 모든 것은 허망하고 마음의 공허함을 더 크게 할 따름이다. 그래서 여러분은 그게 무엇이든, 끊임없이 시도하겠지만, 결과는 계속 그것들의 노예로 살 수밖에 없다. 그러나 예수께서 말씀하셨다. "들어라, 너희는 종이다. 하지만 나는 너희를 자유롭게 하려고 왔다!"

우리는 예수 그리스도가 우리 가운데 오신 성탄을 축하한다. 그분이 세상에 오신 것은 당신 백성을 죄에서 구하기 위해서다. "마리아가 아들을 낳으리니 그 이름을 예수라고 하여라. 그분께서 당신 백성을 죄에서 구원하실 것이다." 마태 1,21 예수님이 사람으로 오신 유일한 이유, 하느님이 예수 그리스도 안에서 사람이 되어 오신 이유는 죄의 종인 우리를 영원히 자유롭게 해주기 위해서였다.

그러니 우선 여러분이 갖고 있는 하느님 이미지를 바꾸라. 하느님은 <존경하는 어머니>Mommie Dearest라는 영화(가정폭력을 소재로 1981년 미국에서 제작된 영화: 편집자)에 나오는 조안 크로포드 같은 분이 아니다. 어느 크리스마스에 조안이 자기 딸에게 말했다. "애야, 이 선물 가운데 어떤 걸 제일 갖고 싶니?" 아이가 말했다. "저기 저거요." 조안이 말했다. "음, 그건 엄마가 버리려고 하던 거라 안 돼." 우리는 하느님을 이런 분이라고 생각한다. 하늘 위에 앉아서 "네가 가장 원하는 게 뭐지? 섹스를 하고 싶다고? 예끼! 그건 안 돼"라고 말씀하시는 분으로 생각하는 거다.

우리는 이것이 하느님이 존재하는 방식이라고, 그분은 우리를 비참하게 만드는 일만 하신다고 생각한다. 그러면서 우리가 왜 이토록 불행하고 비참해야 하는지를 장황히 설명하는 신학을 개발한다. 그리고 이렇게 말한다. "하느님은 내가 비참해지기를 바라신다. 그러니 나는 마땅히 비참해지고 고난을 겪어야 한다." 좋다, 재미있으면 계속하라!

진실인즉, 하느님은 우리를 자유롭게 하려고 오신 분이다. 여러분과 나는 지금 자유인으로 살고 있는가? 아니면 종으로 살고 있는가? 두말할 것 없이 그리스도인이면 언제 어디서나 평화로워야 한다. 평화로움이 평상시 상태여야 한다. 예수님은 부활하신 뒤 제자들을 만날 때마다 말씀하셨다. "평화가 너희와 함께!"

만일 여러분이 그렇지 않다면 그 이유는 두 가지다. 첫째는 여러분이 죄 속에 있기 때문이다. 평화롭기 위해서 우리는 자기 죄를 뉘우쳐야 한다. 그래서 나는 사람들에게 날마다 양심성찰을 하도록 권한다. 잠들기 전에 양심성찰을 하라는 것이 교회의 가르침이다. 주님이 우리 죄를 지적하시면 즉시 회개하고 용서를 빌어야 한다. 심각한 죄를 지었으면 가능한 대로 빨리 고해성사를 봐야 한다.

죄를 회개하고 고해성사도 보았는데 여전히 마음이 불편하면 두 번째로 할 일이 있다. 내가 지금 하느님의 뜻대로 살고 있는지를 보는 것이다. 누구든지 하느님의 뜻대로 살지 않으면 마음이 평화로울 수 없다. 이 책 나머지 부분에서 하느님의 뜻대로 살려면 무엇이 필요한지, 그 문제를 다루어 볼 생각이다. 하지만 여기서는 죄와 회개에 초점을 맞추기로 하자.

죄란, 하느님 방식 아닌 자기 방식으로 무엇을 하는 거다. 그게 무슨 일이든 하느님의 방식이 아니면 죄다. 여러분이 무슨 일을 하면서, "내가 이렇게 하는 것은 가톨릭 집안에서 이렇게 배우며 자랐고 우리 부모님이 이렇게 하셨기 때문이다. 다른 사람들도 이렇게 해야 한다"라고 말한다면, 바로 그게 죄다. 여러분에게 하느님이 다른 방식으로 하라고 하시면 어쩔 것인가? 그분이 그러실 리가 없다고?

여러분은 우주의 하느님이 사람들을 놀라게 하시는 분이라는 걸 모르는가? 그분은 우리를 놀라게 하시길 좋아하신다. 전혀 예상치 못한 방식으로 우리에게 오는 걸 좋아하신다. 누구도 예수 그리스도, 온 누리의 하느님께서 구유에서 태어나실 거라고는 상상도 못했다. 누구도 예수 그리스도가 고난받는 종이라고는 생각지 못했다. 누구도 온 누리의 하느님이 십자가에 달려 끔찍한 죽음을 맞이하실 거라고 생각지 않았다. 하지만 하느님은 그렇게 하셨고 우리를 깜짝 놀라게 하셨다. 우리는 언제든지 하느님의 부르심에 응할 준비가 되어있어야 한다. 무슨 일이든지 우리 방식 아닌 하느님의 방식으로 해야 한다.

쉬운 일은 아니다. 우리는 자기 뜻대로 사는 것이 몸에 배었기 때문이다. 그러므로 여러분이 해야 하는 첫 번째 일은 예수님과 함께 모든 일을 하고 있는지 살펴보는 것이다. 누구를 만나거나 전화를 하고 난 후 스스로에게 물어보라. 오늘 그 사람들이 나를 만났는지 아니면 예수님을 만났는지? 나라는 대답이 나오면 아직 회개할 일이 남은 거다. 사람들이 나를 통해서 예수님을 만났어야 한다. 그러므로 우리는 끊임없이 물어야 한다. 지금 나는 나와 내 생각대로 무엇을 하려고 하는가? 예수님과 그분의 생각대로 하려 하는가?

기억하자. 세례자 요한이 바란 것은 "그분은 커지셔야 하고 나는 작아져야 한다"요한 3,30였다. 그는 자신을 낮추고 예수님을 높였다. 우리 또한 그렇게 해야 한다. 그러지 않는다면 하느님의 방식 아닌 내 방식으로 살고 있다는 얘기고, 마땅히 그 부분에 있어서 회개해야 한다.

날마다 성찰한 후, 그냥 죄송하다고 하는 것으로 그쳐서는 안 된다. 그것만으로는 충분치 않다, 안 그런가? 우리 집 개들이 무슨 잘못을 하다가 들키면, 날마다 있는 일이지만, 미안하다는 듯이 꼬리를 내리고 눈치를 본다. 교구 소신학교 아이들도 잘못하다 나한테 들키면, 역시 날마다 있는 일이지만, 잘못했다고 말한다. 그들이 그렇게 하는 건 잘못을 인정하기 때문이 아니라 들켰기 때문일 때가 많지만 대부분 사람들이 죄를 짓고서 이러지 않는가? "예, 예, 정말 미안합니다. 난 지옥에 가고 싶지 않아요. 미안합니다. 다시는 그러지 않을게요. 다음에 그러지 않으려고 노력하겠지만 장담을 못할 것 같아요." 우리가 지금 하느님 상대로 이런 게임을 하고 있다는 얘기다.

무슨 죄든 용서받으려면 먼저 회개해야 한다. 회개는 뉘우치는 것과는 다르다. 하느님의 뜻을 식별하려면 죄를 뉘우치는 것뿐 아니라 회개해야 한다. 사람들은 이렇게 말할 것이다. "그런데요, 신부님. 그게 제가 안고 있는 문제이긴 하지만, 그렇게 심각한 건 아니잖아요?" 하느님의 사람들이여, 한 가닥 가느다란 실이 새를 날지 못하게 하듯이 작은 죄 하나 때문에 하느님의 뜻대로 살지 못할 수 있다. 작은 습관 하나가 하느님의 뜻대로 존재할 수 없게 할 수 있다는 말이다. 우리는 이 문제를 매우 심각하게 고민해야 한다. 안 그런가?

교회는 소죄와 대죄, 두 가지 죄가 있다고 우리를 가르쳤다. 그런데 어떤 사람들은 그것이 날조라고 말한다. 여러분 모두가 그러지는 않겠지만, 그렇게 생각하는 사람들이 있는 건 사실이다. 그래서 그들에게 묻는다. "우리가 한 일이 고작 날조한 것이라고, 정말 그렇게 생각하는가?" 좋다, 하느님의 말씀으로 돌아가 보자. "죽을죄가 아니면, 그를 위하여 청하십시오. 하느님께서 그에게 생명을 주실 것입니다. … 죽을죄가 있는데, 그러한 죄 때문에 간구하라고 말하는 것은 아닙니다. 모든 불의는 죄입니다. 그러나 죽을죄가 아닌 것도 있습니다."[1]요한 5,16-17

소죄와 대죄를 나눈 것은 성경에서 비롯되었다. 대죄는 영혼을 죽인다. 소죄는 영혼에 상처를 입힌다. 60년대 소년 시절, 나는 엄격한 수녀님한테서 교리를 배웠다. 그분은 우리에게 말했다. "너희 영혼은 언제나 깨끗해야 해. 그러려면 고해성사를 자주 봐야 하는 거야. 알았니?" 이것이 교회의 신학은 아니다. 그저 그 수녀님의 말일 따름이다. 그분은 늘 이렇게 말했다. "소죄를 지으면 영혼에 얼룩을 묻히는 것과 같고, 대죄를 지으면 영혼이 온통 까맣게 되는 거란다." 나는 고해성사를 받고 돌아오면 한동안 사람들을 만나지 않으려고 했던 일이 기억난다. 방금 성사를 봐서 영혼이 깨끗하게 되었는데 집에 오면 형이나 누나하고 싸우거나 부모님 말을 듣지 않아서 영혼이 얼룩질 것이 뻔하기 때문이었다. 얼룩이 없는 하얀 영혼을 지켜야 하는데, 집에 오면 누나가 꼭 뭐라고 했고 그러면 나도 대거리를 하다가, "이크! 방금 내 영혼에 얼룩이 졌잖아!" 이러면서 자랐다.

이렇게 말하는 사람도 있다. "그래, 그건 죄는 죄지만 그 정도는 누구나 다 지으면서 살아." 그러나 그 작은 죄 하나가 전능하신 하느님과 우리의 관계에 상처를 입힌다. 그런데도 그분과 우리의 관계가 웬만큼 상처 입어도 괜찮다는 말인가? 하느님을 사랑한다면서 그분께 상처를 조금 입히는 건 괜찮다고? 기억하자. 하느님은 우리를 사랑하신다. 우리에게 화가 나서, "좋다, 네가 소죄를 지었으니 너하고는 상대하지 않겠다" 또는 "네가 대죄를 지었으니, 더 이상 너를 사랑하지 않겠다"고 하시는, 그런 분이 아니다.

어째서 사람의 죄가 하느님한테는 상관없다고 생각하는

가? 죄 때문에 그분 아드님이 죽었다. 우리가 그분을 사랑한다면 그분 은총으로 우리 죄에 죽어야 한다. 내가 살면서 지은 모든 죄를, 대죄뿐 아니라 소죄까지도. 나를 누구보다 사랑하시는 하느님께 상처를 입혀드리고 싶은 건지, 아니면 나를 누구보다 사랑하시는 그분께 더 이상 상처를 입혀드리지 않으려고 최선을 다할 마음이 있는지 스스로 물어보아야 한다. 이게 중요하다.

우리 모두 완전치 않다. 모두가 그렇다. 우리 모두는 고해성사를 봐야 한다. 한 달에 한 번 고해하러 가는 것도 좋은 계획이다. 가거든 부디 죄 목록만 늘어놓지 마라. 많은 사람이 고해성사를 보지만 늘 그렇고 그런 내용이다. 하느님은 그런 것을 원하시지 않는다. "이백서른일곱 번 욕했습니다" 뭐 이런 것이 아니라 예수님과 친밀한 관계에서 대화를 나눈다고 생각하자. 사제의 모습으로 여러분을 만나주시는 분은 예수님이시다. 그러니 여러분이 왜 그분께 상처를 입혀드리게 되었는지를 얘기하고 죄송하다고 말씀드려라.

나는 사제로서 고해성사 주는 걸 좋아한다. 특히 30년 이상 고해성사를 보지 못한 사람들을 만나면 정말 기쁘다. 본당에서 사목할 때는 고해성사를 주는 일이 다반사다. 하지만 30년이나 고해를 하지 못한 사람을 만나면 흥분하지 않을 수 없다. 그가 마침내 집으로 돌아올 용기를 내어, 예수님이 자기를 위해 돌아가시면서 베푸신 자비를 받게 되었으니 말이다. 이것이야말로 사제로서 누릴 수 있는 가장 큰 행복 가운데 하나다.

동시에 너무 고지식하여 사소한 죄를 가지고 툭하면 고해소로 달려오는 사람들이 있다. 나는 그런 사람들이 자기한테만 관심이 있는 것 같아서 안타깝다. 보통 그들은 예수님과의 관계를 중요하게 생각하지 않는다. 오로지 자기의 성화와 자기가 좋은지 나쁜지에 대해서만 관심이 있다.

자기만을 바라보는 것, 이것이 문제다. 그래도 여러분에게 말하고 싶다. 가능한 한 자주 고해성사를 보라고. 여러분이 어떻게 예수께 상처를 입혀드렸는지 말씀드리면, 그래, 그러면 완전히 달라질 거다. 그냥 형식적으로 "여기 제가 지은 죄 목록이 있습니다. 두 번 검토했습니다"라고 하지 말고 이렇게 말씀드리자. "주님, 주님께 상처를 입혀드리는 것이니 다시는 사람들 험담을 하지 않겠습니다." 다시 한번 강조한다. 회개한다는 것은 두 번 다시 같은 죄를 짓지 않겠다는 결심이다. 이제 그만! 그만 하겠다! 여러분은 '통회 기도'를 아는가? "하느님, 제가 죄를 지어 참으로 사랑받으셔야 할 하느님의 마음을 아프게 하였기에 악을 저지르고 선을 멀리한 모든 잘못을 진심으로 뉘우치나이다." 알겠는가? "참으로 사랑받으셔야 할 하느님의 마음을 아프게 하였기에" 이렇게 기도하는 것이 옳다. 그리고 계속하는 거다. "다시는 죄를 짓지 않으며 죄지을 기회를 피하기로 굳게 다짐하오니…" 이렇게 기도하는 게 헛일이 아니길 바란다. 다시는 죄를 짓지 않겠다고 했으니 말이다. 고해소에 갈 때 우리는 더 이상 죄를 짓지 않겠다는 각오를 해야 한다. 예수께 이렇게 말씀드리자 "더 이상 당신께 상처를 입혀드리고 싶지 않습니다."

우리는 모두 소죄를 지으며 살아간다. 날마다 겪는 갈등, 살면서 내리는 판단, 험담 등. 대죄는 세 가지로 규정한다. 곧 누가 봐도 중대한 잘못이며, 충분히 그에 대해 인식하면서 그것을 의도적으로 한 경우다. 달리 말하면 분명 중대한 잘못이고 그게 잘못인 줄 알면서도 죄를 짓는 경우다. 만일 이 세 가지가 충족됐다면 대죄를 지은 것이다. 그렇다면 고해성사를 보고 성체를 받아 모셔야 한다. 이 문제에 대해 좀 더 생각해 보자. 죄란 예수님과 나 사이의 문제라고 생각하는 사람들이 있다. 그건 너무 자기중심으로 문제를 보는 것이다. 여러분이 그리스도께 상처를 입혀드린다면 그건 교회의 모든 구성원에게도 상처를 입히는 것이다. 왜냐하면 하느님의 백성인 교회는 그리스도의 몸이기 때문이다. 예수님은 우리 머리시다. 누가 내 발을 밟으면 나는 온몸으로 반응한다. 여러분이 그리스도께 상처를 입혀드리는 것은 교회 전체에 상처를 입히는 것이다. 여러분이 나에게 상처를 주는 것은 교회의 모든 사람에게 상처를 주는 것이다. 여러분이 서로에게 상처를 입히는 것은 그리스도께 상처를 입혀드리는 것이다. 그래서 모든 죄는 공동의 죄라고 한다.

초대교회 시절에는 개인의 죄라는 것이 없었다. 그때는 세례를 받은 후엔 죄를 용서받을 길이 없었다. 고해성사라는 게 없었기 때문이다. 지금도 마찬가지지만 당시엔 세례가 죄를 용서받는 주된 방법이었다. 일단 세례받으면 죄를 지어도 용서받을 길이 없었다. 그래서 죽기 직전까지 세례받기를 미루는 사람들이 많았다고 한다. 이 말은 살아있는 동안에는 죄 짓지 않을 수 없다는 걸 알았다는 얘기다.

초대교회의 세 가지 대죄는 배교(신앙과 그리스도를 부인함), 간음, 살인이었다. 많은 사람이 순교를 겁내어 배교의 길로 떨어졌다. 순교하는 대신 도망친 것이다. 그래서 교회가 말했다. "좋다. 한 번 더 용서받을 기회를 준다. 하느님이 그 힘을 교회에 주셨으니 네 생전에 한 번 더 용서하겠다." 그렇게 시작되었던 거다. 솔직히 사람들은 간음도 하고 살인도 하고 배교도 한다. 그것을 그리스도의 몸인 교회 앞에서 공개적으로 자백했다. 그런 다음, 공적인 보속補贖이 주어지고 그 보속을 다 이행하기 전에는 교회에 들어오는 것이 허락되지 않았다.

보속을 모두 마치고 난 다음엔 교회 앞에서 베옷을 걸치고 교회에 오는 사람들에게 자기를 위해 기도해 달라고 청한다. 이렇게 해서 미사 전에 있는 참회예식이 생겼다. 참회자들이 교회 안에 들어가는 것을 허락받기 전에 기도를 요청하는 것이다. 보속을 끝내고 나면 교회 안으로 들어올 수 있고 그러면 주교나 신부가 안수하고 모두가 보는 앞에서 그를 용서한다. 이어서 큰 잔치가 벌어지는 것이다.

죄와 용서는 언제나 공동의 일이다. 항상 그렇다. 아일랜드 수도자들은, 오늘날 우리처럼 개인적으로 죄를 고백했다. 사람들은 너무 많고 수도자들의 시간은 한정되어 있었기 때문이다. 지금 여러분은 옛날 방식으로 할 수도 있고 오늘날의 방식으로 할 수도 있다. 옛날 방식으로 주일 미사 때 공개적으로 죄를 자백하고 싶은 사람이 있는가? 그러면 참 대단한 일 아니겠는가? 왜들 웃지 않는가?

보속을 하기 전에는 용서받지 못한다는 사실이 흥미롭지 않은가? 그것이 초대교회 때부터 이어오던 방식이었다. 그런데 그것이 개별 신자들에게 좀 더 도움이 되는 방향으로 바뀌면서 동시에 죄의 공동체적인 면을 잃어버렸다. 기억하자, 모든 죄와 그 죄에 대한 용서는 공동의 일이다. 그러므로 여러분이 주일 미사에 빠지거나 간음하거나 낙태하거나 낙태를 돕거나 해서 중죄를 지었다면 그것은 모든 사람에게 해를 끼친 것이고 따라서 하느님과 교회와 화해해야 한다.

거듭거듭 죄에 맞서 싸울 때마다 우리는 어떻게 자유로워지는가? "예수님께서 당신을 믿는 유다인들에게 말씀하셨다. '너희가 내 말 안에 머무르면 참으로 나의 제자가 된다. 그러면 너희가 진리를 깨닫게 될 것이다. 그리고 진리가 너희를 자유롭게 할 것이다."요한 8,31-32 "내 말 안에 머무르면…." 이것이 열쇠다.

여러분이 성 아우구스티노의 「고백록」을 읽었는지 모르겠지만 나는 그 책을 좋아한다. 대단한 책이다. 성인은 그 책에서 자신의 죄와 허물을 두려움 없이 보여주고 있다. 그분은 한 여인과 사랑에 빠져 함께 살았고 아들까지 낳았다. 오랜 세월 그리스도인이 되기를 미룬 것도 그래서였다. 그분은 그 삶을 포기하고 싶지 않았다. 그래서 이렇게 말했을지도 모른다. "주님, 저를 순결케 하소서. 그러나 지금은 아닙니다."

어쨌든 그렇게 그분은 욕정의 노예로 살았다. 하지만 어느 날 정원에서 한 음성을 들었다. "펼쳐서 읽어라, 펼쳐서 읽어라." 그분이 하느님 말씀을 펼치자 로마 13,13-14이 나왔다. "대낮에 행동하듯이, 품위 있게 살아갑시다. 흥청대는 술잔치와 만취, 음탕과 방탕, 다툼과 시기 속에 살지 맙시다. 그 대신에 주 예수 그리스도를 입으십시오. 그리고 욕망을 채우려고 육신을 돌보는 일을 하지 마십시오." 아우구스티노가 이 구절을 읽는 동시에 펑! 모든 것이 달라졌다. 완전 자유로워졌다.

그가 그 모든 투쟁과 방황을 끝내고 해방되도록 한 것은 하느님 말씀이었다.

그래서 나는, 언제나 그래왔듯이 여러분을 부추긴다. 하느님 말씀 안에서 그분과 함께 시간을 보내라. 하느님 말씀 안에서 그분과 함께 시간을 보낼 때 여러분의 삶은 충만해지고 자유로워질 것이다. 하느님의 거룩한 말씀을 머리맡에 두어라. 아침에 잠이 깨면 침대에서 나오기 전에 하느님 말씀을 손에 잡고 성령께 기도드려라. "살아계신 하느님의 영이시여, 당신 말씀을 제 마음에 들려주십시오." 그리고 하느님 말씀을 펼쳐 정신이 번쩍 드는 말씀을 만날 때까지 읽어라.

멈추어라. 들어라. 응답하라.

내 말을 믿어라, 이것이 여러분의 삶을 바꿔놓고 여러분을 자유롭게 할 것이다.

여러분도 실망해 본 적이 있을 것이다. 나도 자주 실망하는데, 그것은 나 자신과 내가 하는 일에 초점을 맞추기 때문이다. 여러분이 아침에 일어나서 맨 처음에 하는 일이 뉴스를 보는 것이라면 바람직하지 않다. 언제나 그렇다. 그래서 눈뜨자마자 실망부터 하는 거고 온종일 우울한 느낌으로 보내는 거다. 여러분은 왜 안 좋은 뉴스로 하루를 시작하는가? 왜 좋은 뉴스, 하느님 말씀으로 하루를 시작하지 않는가? 이 책 마지막 장에서 다시 다루겠지만 이 자리에서 여러분에게 제안하고 싶다. 아침에 하느님이 들려주신 말씀을 종이에 적어 지갑에 넣어두고 틈나는 대로 꺼내 읽어보라. 그러면 온종일 그분과 대화하는 셈이고 그것이 여러분에게 힘을 줄 것이다. 자기 전 마지막으로 여러분이 할 일은 "살아계신 하느님의 영이시여, 당신 말씀을 제 마음에 들려주십시오"라고 기도드리고 침대 머리맡에 둔 성경을 펴 그분이 영감을 주시는 말씀을 만날 때까지 읽으라. 그렇게 하느님 말씀 속에서 잠들라.

죄와 씨름을 한 적이 있는가? 죄의 종이 된 적이 있는가? 그에 대한 처방을 주겠다. 받을 마음이 있는가? 실은 대부분 사람들이 그러려고 하지 않는 게 문제다. 스포츠에 대하여는 말을 아끼지 않으면서 그 간단한 일을 하려고 하지 않는 거다.

언제나 그렇듯이 여기에서도 우리의 모범은 예수 그리스도시다. 그분은 광야에서 악마의 유혹을 받으셨을 때 어떻게 하셨던가? 하느님 말씀을 들어 악마의 목구멍을 틀어막으셨고 물리치셨다. 예수님이 그러셨으니 우리도 마땅히 그래야 하지 않겠는가? 그렇게 하지 않으면 평생을 죄의 종으로 살아야 할 것이다.

그렇게 산 사람이 실제로 있느냐고? 있다. 맷 탤벗Matt Talbot은 아일랜드 더블린 태생으로 지독한 알코올의존증이었다. 나이 스물여덟에 술만 마시면 도둑질이고 뭐고 나쁜 짓은 가리지 않고 했다. 그래도 핏줄이 아일랜드인이라 주일이면 미사에 빠지지 않고 나갔다. 훗날 그가 말했다, 그 캄캄한 어둠 속에서도 성모님은 놓치지 않았다고. 이윽고 그는 빈털터리가 되어 신부를 찾아가서 말했다, "앞으로 죽을 때까지 술을 입에 대지 않겠습니다. 약속합니다." 신부가 말했다. "죽을 때까지? 그것도 좋지만 앞으로 석 달만이라도 술을 마시지 않으면 어떨까?" 그가 그러겠다고 했다. 그리고 그 약속을 깨뜨리지 않았다.

그가 바로 가경자 맷 탤벗이다. 성 바오로 6세 교황님은 그의 전기를 읽으시고 "이 사람이야말로 성인이다!"라고 말씀하셨다. 1975년에 그는 가경자가 되었고, 그토록 끔찍한 중독의 삶을 살았지만 언젠가 전능하신 하느님의 성인이 될 것이다.

많은 사람이 여러 모양으로 중독되어 있다. 남자들은 섹스

중독에 많이 빠져있고 그 밖에도 알코올중독, 쇼핑중독, 탐식중독 등 여러 형태의 중독들이 있다. 우리를 중독에서 해방시켜 줄 유일한 분은 하느님이시다. 간단하다. 지금 그 상태로 있으며 계속 실수를 연발할 것인가? 아니면 전능하신 하느님께 나아가 치유해 주시도록 내맡길 것인가?

C. S. 루이스의 「천국과 지옥의 이혼」에 내가 좋아하는 이야기가 있다. 평생 탐욕과 싸운 사람의 이야기다. 그의 어깨 위에는 그가 끊임없이 못된 짓을 하게 하는 악마가 앉아있다. 그가 계속 하느님께 부르짖는다. "하느님, 제발 저 좀 도와주세요. 제발이요." 이윽고 하느님이 천사를 보내어 그에게 물으신다. "내가 어떻게 해주면 되겠느냐?" 그가 대답한다. "저에게 못된 악마가 있어서 끝없이 나쁜 짓을 시켜요. 정말 이놈이 미워요!" 천사가 그에게 물었다. "내가 그자를 죽여주랴?" 남자가 머뭇거리며 대답한다. "글쎄요. 그자가 죽기를 제가 정말 바라는지 잘 모르겠네요. 그냥 적당히 혼을 내주시면 어떨까요? 그러니까 뭐, 다리 하나를 부러뜨리든가." 천사가 그에게 다시 물었다. "내가 그자를 죽여주랴?" 마침내 그가 말했다. "예, 좋습니다. 죽여주십시오!" 그러자 천사가 손을 뻗어 탐욕스러

운 악마를 내려치니 순간 악마가 희고 아름다운 종마種馬로 바뀌었다. 남자가 말에 올라타자 말은 그를 하늘 본향으로 데려갔다.

우리의 싸움도 이와 같다. 온 누리의 하느님께서 여러분을 내려다보며 물으신다. "자유롭기를 원하느냐? 내가 네 죄를 없애주랴? 네 죄의 종살이에서 풀어주랴? 네 중독을 없애주랴?" 여러분은 그냥 "예"라고만 하면 된다.

하느님의 뜻을 식별코자 한다면 먼저 자기 죄에서 해방되어야 한다. 아니면 적어도 자기 죄를 끊임없이 뉘우쳐 회개해야 한다. 우리 가운데 누구도 죄에서 완전히 자유로울 수 없다.

그다음으로 해야 할 일은 사람들을 용서하는 것이다. 예수님이 그러라고 분명하게 가르치셨기 때문이다. 마태오복음에 보면 예수님이 제자들에게 '주님의 기도'를 가르쳐 주고 나서 이렇게 말씀하신다. "너희가 다른 사람들의 허물을 용서하면, 하늘의 너희 아버지께서도 너희를 용서하실 것이다. 그러나 너희가 다른 사람들을 용서하지 않으면, 아버지께서도 너희의 허물을 용서하지 않으실 것이다." 마태 6,14-15

우리는 우리에게 해를 끼친 사람들을 모두 용서하지 않으면 하느님의 뜻을 식별할 수 없다. 용서할 대상에 예외는 없다. '그 인간만 빼고'란 없다. 하느님은, '네가 용서하면 나도 용서하겠지만 네가 용서하지 않으면 나도 용서하지 않을 것이다'라고 하신다. 여러분은 주님의 기도를 바칠 때마다 이렇게 말하고 있는 거다. "좋아요, 하느님. 제가 용서한 만큼 저를 용서해 주세요." 그러니 만일 여러분이 누구를 용서한다면 아주 장한 일을 하는 거다. 이제 아무 걱정할 게 없다. 그러나 그러지 않으면? 별로다. 여전히 걱정해야 할 것이 많다.

온 누리의 하느님이 여러분을 날마다 용서하시는데 어떻게 다른 사람들을 용서하지 않을 수 있겠는가? 혹시 이렇게 말할 사람이 있을지 모르겠다. "좋아요. 하지만 그자가 나에게 상처를 입혔단 말입니다." 좋다. 그런데 여러분은 하느님의 아드님을 죽였다. 밤마다 여러분은 아버지 하느님께 말씀드린다. "죄송합니다. 용서해 주십시오. 저는 그저 한낱 인간일 뿐입니다." 나는 온 세상의 하느님이 이렇게 말씀하시는 걸 들어본 적이 없다. "아니, 됐으니 이젠 그만하거라." 그분은 언제나 기꺼이 여러분을 용서하시기에 여러분에게도 조건 없이 남들을 용서하라고 하시는 것이다.

예수님은 마태 5,23-24에서 이렇게 말씀하신다. "제단에 예물을 바치려고 하다가, 거기에서 형제가 너에게 원망을 품고 있는 것이 생각나거든, 예물을 거기 제단 앞에 놓아두고 물러가 먼저 그 형제와 화해하여라. 그런 다음에 돌아와서 예물을 바쳐라." 여러분이나 나 살면서 하느님의 뜻을 식별하려면 당연히 형제자매들과 화해해야 한다. 화해와 용서는 감정놀이가 아니다. 의지가 동반된 행동이다. 누가 여러분에게 해를 끼쳤다면 그를 생각하며 예수님께 기도드려라. "주 예수님, 그를 용서합니다. 청하오니 그를 용서해 주십시오." 한 번 이렇게 기도하면, 여러분은 자유로워진다. 여러분이 누구를 용서하지 않는다고 그에게 무슨 일이 일어나는가? 아니다. 그에게는 아무 일도 일어나지 않는다. 그저 여러분만 상처받은 희생자로 남아있을 따름이다.

사람들은 나에게 상담이나 고해를 하러 와서 말한다. "신부님도 아시다시피 저는 어려서 학대받고 자라서 이렇답니다." 그런 말 하지 마라. 그가 지금처럼 사는 까닭은 그 사건을 그렇게 받아들이기로 선택했기 때문이다. 그는 희생자로서 사는 걸 좋아서 선택한 것이다. 그래서 나는 말한다. "당신이 지금처럼 사는 건 당신이 희생자로 살겠다고 허용했기 때문이오. 돌아가서 그 사람을 용서하시오. 그런 다음, 남은 세월을 그렇게 주저앉아 있지 말고 당신이 바라는 삶을 살도록 하시오."

어쩌면 몰인정하게 들릴 수도 있다. 하지만 그렇지 않다. 삼십 년 전에 있었던 일 때문에 그 긴 세월 동안 가슴에 품고 있던 인간에 대한 혐오, 자신에 대한 원망 따위를 벗어던진 사람은 이 말이 얼마나 자비로운 말인지 알 것이다.

이러한 작업을 하고 싶다면 여러분과 그 사람 또는 그 사람들이 예수 그리스도의 십자가 앞에 나란히 있다고 생각하라. 여러분이 예수 그리스도의 십자가 앞에 서면 여러분을 사랑하기에 흘리신 그분의 피가 여러분 몸을 적실 것이다. 그분은 여러분이 지은 죄와 함께 여러분에게 상처를 준 사람들의 죄까지 모두 친히 감당하셨다. 그때 예수님은 못 자국 난 손을 여러분 머리에 얹으시며 당신의 피로 여러분을 용서하실 것이다. 그리고 여러분에게 상처를 준 그 사람들도 어루만지며 당신 피로 용서하실 것이다.

더 이상 과거의 노예로 살지 마라. 여러분은 과거를 놓아버려야 한다. 그게 싫어 자기도 모르게 "아버지, 전 당신이 싫습니다!"라는 말이 튀어나오더라도, 그래도 그렇게 하라. 그리하여 그리스도께서 여러분에게 주고자 하시는 평화를 맛보라. 그러면 평화롭게 걸을 수 있을 것이다.

이 점을 분명하게 말해두고 싶다. 세상에 용서받지 못할 죄는 없다. 내 오랜 친구의 얘기다. 그 친구는 젊은 시절을 힘들게 보냈다. 열여덟 살에 알코올의존증이 되었고 여자 친구가 임신을 해 결혼했다. 그는 카드놀이를 좋아했다. 하루는 카드놀이를 하다가 돈을 잃었는데 거기 있는 사람들이 자기를 속였다고 생각했다. 그는 그 사람들을 죽여버리려고 총을 가지러 집으로 갔다. 그때 임신 8개월이던 아내가 그를 말리다가 다툼이 벌어져 홧김에 아내를 죽였다. 결국 그는 종신형을 선고받고 여러 해를 펜실베이니아 록뷰Rockview 교도소에서 살았다. 그는 닥치는 대로 싸움질을 했고 18개월이나 독방에서 지내야 했다. 온몸이 증오로 가득 찼고 그런 자기를 또 증오했다. 어떻게 그러지 않을 수 있겠는가? 아내와 함께 여덟 달 된 자식을 죽였는데. 어느 날 그는 신부를 만나서 하느님의 사랑과 용서에 관한 얘기를 나누게 되었다. 그가 신부에게 자기 같은 사람도 용서받을 수 있느냐고 물었다. 그 뒤로 신부와 자주 만나게 되었고 마침내 마음을 열어 예수 그리스도의 복음을 받아들였다. 그때부터 사람이 달라지기 시작했다. 자유 안에서의 삶이 시작된 것이다. 모범수가 되었고 감형이 되어 풀려나게 되었다. 지금 그는 프란치스코수도회 소속으로 이름은 제임스 타운센드 수사다. 그는 어쩌면 여러분이 만날 수 있는 가장 온화하고 친절한 사람들 가운데 하나일 것이다. 하지만 그는 자기 아내와 배 속의 아이를 죽인 살인자였다.

하느님은 누구에게나 자유를 주신다. 누구에게나! 한번은 남성들을 위한 피정에 강의를 하러 갔는데 한 남자가 울음을 터뜨리며 나에게 물었다. "신부님, 하느님이 저를 용서하실까요? 저 같은 놈을 말입니다." 물론이다. 아무리 끔찍한 죄를 지은 사람이라도 하느님은 용서하실 수 있다. 그 때문에 그분이 사람으로 태어나셨고 그 때문에 죽으신 거다.

어떻든 여러분의 과거는 문제가 되지 않는다. 그분께 항복하기만 한다면 하느님은 여러분에게 새로운 삶을 주신다. 아시겠는가? 이것이 만능열쇠다. '항복하다'라는 말은 하느님의 사랑을 믿고 자기 삶의 과거 현재 미래 모두를 그분께 바친다는 뜻이다. 그렇게 했을 때 그 사람은 다른 사람들을 용서할 수 있다. 이미 자기 자신을 바쳤고 그분의 놀라운 자비를 경험했기 때문이다.

문제는 사람들이 자기가 별로 나쁜 사람이 아니라고 생각하는 것이다. 사람들은 고해하러 와서 이렇게 말한다. "신부님, 저는 아무도 죽이지 않았습니다." 생각해 보자. 가장 고약한 죄는 무엇을 한 것이 아니라 하지 않은 것이다. 우리는 하지 않았다. 얼마나 하느님 뜻대로 하지 않았나? 얼마나 가난한 이들을 돌보지 않았는가? 얼마나 사랑의 사람으로 살지 않았는가? 얼마나 용서하는 사람으로 살지 않았나? 그것이 우리를 묶는 사슬이고 예수님은 거기에서 우리를 해방시키려 하신다.

여러분에게 권한다. 날마다 양심 성찰을 하라. 성찰은 하되 스스로를 나무라거나 가슴을 치지 마라. 그저 진심으로 이렇게 자문하라. "나는 지금 하느님 뜻대로 살고 있나? 아니면 내 뜻대로 살고 있나?" 여러분이 누군가에게 상처를 입혔거나 여러분에게 상처를 입힌 누군가가 있으면 그를 생각해 보라. 누가 여러분에게 상처를 입혔거든 먼저 그를 용서하라. 여러분이 누구에게 상처를 입혔다면 가서 용서를 빌고 화해하라. 직접 갈 수 없으면 편지로라도 미안하다고, 용서해 달라고 하라. 이렇게 여러분은 하느님이 원하시는 삶을 시작하는 것이다. 하느님께서 약속하신 자유를 이루기 위하여 우리에게 주시는 가장 위대한 도구는 그분의 거룩한 말씀이다. 그러니 부디 성경을 읽으라. 성경을 언제나 가까운 곳에 두어라. 나는 수년 동안 사람들에게 말했다. "성경이 없으면 아침밥도 없다. 성경이 없으면 잠자리도 없다." 잠자리에서 일어나 성경을 안 읽었으면 아침식사도 하지 말라는 얘기다. 자기 전에 그분 말씀을 읽지 않았으면 잠자리에도 들지 말라는 얘기다. 바로 거기가 여러분이 용서의 은총과 남들을 용서하는 힘을 받는 자리다. 그분의 말씀에서 죄 짓지 않는 힘을 얻게 될 것이다.

항복을 위한 발걸음

1. 매일 양심 성찰을 하자. 그리고 죽을 때까지 계속하자. 성령께서 우리 죄를 일러주시면 즉시 뉘우치고 하느님께 잘못했다고 말씀드리자.
2. 한 달에 한 번은 고해성사를 보자. 대죄를 짓지 않았더라도 가능한 대로 자주 성사를 보자.
3. 용서하는 사람이 되자. 우리에게 상처를 준 사람을, 그가 누구든 간에 무조건 용서하자.

도움이 되는 기도

〈통회 기도〉

하느님, 제가 죄를 지어 참으로 사랑받으셔야 할 하느님의 마음을 아프게 하였기에 악을 저지르고 선을 멀리한 모든 잘못을 진심으로 뉘우치나이다.

하느님의 은총으로 속죄하고 다시는 죄를 짓지 않으며 죄지을 기회를 피하기로 굳게 다짐하오니 우리 구세주 예수 그리스도의 수난 공로를 보시고 저에게 자비를 베풀어 주소서.
아멘.

4장

항복하고,
예수님의 아이콘이 되라!

"선생님, 예수님을 뵙고 싶습니다." 요한 12,21

여러분이 알아챘든 그렇지 못했든 간에, 날마다 만나는 사람들이 여러분에게 부탁하는 것이 하나 있다. "선생님, 저는 예수님을 보고 싶습니다." 그리스도인은 또 다른 그리스도이기 때문이다. 여러분 안에 예수님이 사시게 하고 사람들에게 예수 그리스도를 보여주는 것이 여러분이 해야 할 일이라는 얘기다. 우리 모두 알고 있듯이 그리스도인은 더 이상 내 자신이 사는 것이 아니라 내 안에 그리스도께서 사시는 것이기_{갈라 2,20 참조} 때문이다. 그리스도인의 인생 목표는 이 세상에서 또 다른 그리스도로 사는 것이다. 누구든지 하느님의 뜻을 식별하려면 마땅히 그리스도의 마음을 지녀야 한다.

너무나 자주 우리는 자기 생각이나 세속적인 생각으로 하느님의 뜻을 식별하려고 한다. 그런 마음으로는 아버지의 뜻을 알아낼 수 없다. 불가능하다. 무엇이든지 제대로 식별하려면 예수 그리스도의 마음과 뜻을 지녀야 한다. 여러분은 언제든지 무엇이 하느님께로부터 오는 건지 또는 아닌지를 알 수 있다. 어느 한 개인의 견해에 따른 것은 하느님께로부터 오는 것이 아니기 때문이다.

나는 이십 년 넘게 신부로 살면서 숱한 사람에게서 이런 말을 들었다. "그런데요, 신부님. 그게 죄인 줄은 저도 알죠. 하지만 제 경우는 하느님이 예외로 생각해 주시지 않을까요? 제가 그 문제 때문에 기도를 많이 했거든요. 덕분에 제 마음은 편안합니다. 정말이지 제 생각에는…." 이렇게 그들은 말을 계속한다. 하지만 내가 해주는 말은 언제나 같다. "아니오! 미안하지만 그렇지 않아요. 그건 성경 말씀에 어긋납니다. 교회의 가르침을 거스르는 거예요. 틀렸습니다. 당신은 지금 당신 생각으로, 세상 사람들처럼 육신의 마음으로 보고 있어요."

하느님의 뜻을 식별하는 능력을 선물로 받으려면 예수 그리스도의 마음을 가져야 한다. 나는 여러분이 필리 2장을 날마다 읽기를 바란다. 바오로는 이렇게 말한다. "뜻을 같이하고 같은 사랑을 지니고 같은 마음 같은 생각을 이루어, 나의 기쁨을 완전하게 해주십시오."필리 2,2 그리고 이어서 3절은 "무슨 일이든 이기심이나 허영심으로 하지 마십시오. 오히려 겸손한 마음으로 서로 남을 자기보다 낫게 여기십시오." 이윽고 바오로는 '그리스도 찬가'로 이끈다. "그리스도 예수님께서 지니셨던 바로 그 마음을 여러분 안에 간직하십시오." 필리 2,5 이 문장을 "그리스도와 같은 태도를 갖추어라"로 옮긴 사람도 있다. 무엇이 그리스도의 태도인가? 바오로는 그것을 6-11절에서 설명한다.

> 그분께서는 하느님의 모습을 지니셨지만 하느님과 같음을 당연한 것으로 여기지 않으시고 오히려 당신 자신을 비우시어 종의 모습을 취하시고 사람들과 같이 되셨습니다. 이렇게 여느 사람처럼 나타나 당신 자신을 낮추시어 죽음에 이르기까지, 십자가 죽음에 이르기까지 순종하셨습니다. 그러므로 하느님께서도 그분을 드높이 올리시고 모든 이름 위에 뛰어난 이름을 그분께 주셨습니다. 그리하여 예수님의 이름 앞에 하늘과 땅 위와 땅 아래에 있는 자들이 다 무릎을 꿇고 예수 그리스도는 주님이시라고 모두 고백하며 하느님 아버지께 영광을 드리게 하셨습니다.

예수 그리스도께서는 우리의 주님이시다! 여러분의 남은 생애에 날마다 이 구절을 묵상하면 그것으로 충분하다!

선거 때가 되면 나는 사람들에게 이렇게 말한다. "여러분이 '나는 민주당이다, 공화당이다'라고 하는 것이야말로 얼마나 슬픈 일인가? 여러분은 이쪽이든 저쪽이든 지금 투표장으로 가시는 그리스도를 따르는 사람이다. 투표장에서 그리스도가 투표하듯이 그렇게 투표하는 사람이다. 그렇잖은가?" 그리스도의 마음을 품는다는 게 이런 것이다.

십여 년 전, "예수님이라면 어떻게 하실까?"라는 스티커를 붙이고 다니는 게 엄청 유행했다. 좋다, 우리는 '예수님은 어떻게 하실까?'에 맞추어 살기 전에 먼저 '예수님은 어떻게 생각하실까?'를 생각해 보아야 한다. 그리스도의 마음으로 보는 것은 세상 사람들이 보는 것과 많이 다르다. 그렇다. 하지만 간혹 가톨릭 신자와 개신교 신자 그리고 신자가 아닌 사람들을 구분하기 어려울 때가 있다. 모두들 똑같이 세상의 눈으로 보고 있기 때문이다.

예수께서 말씀하셨다. "제가 세상에 속하지 않은 것처럼 이들도 세상에 속하지 않습니다. 이들을 진리로 거룩하게 해주십시오."요한 17,16-17 그러므로 나는 묻지 않을 수 없다. "지금 나는 모든 것을 세상의 마음으로, 육신의 마음으로 보고 있는가?

아니면 그리스도의 마음으로 보고 있는가?" 여러분과 내가 그리스도의 마음을 얻는 길은 성령께 항복하는 것이다.

성경도 사람의 마음으로 읽으면 얻는 게 별로 없을 것이다. 온갖 사람들이, 그리스도인이 아닌 사람들도 성경을 읽는다. 하지만 별로 얻는 게 없다. 왜 그럴까? 성경을 사람의 마음으로, 세속의 마음 또는 육신의 마음으로 읽기 때문이다. 하지만 하느님의 말씀 또는 하느님의 마음을 옮길 수 있는 유일한 채널은 하느님의 숨인 성령이다. 무슨 말인가? 내 숨이 내 속에 있는 생각을 밖으로 토해내지 않는 한, 나는 여러분에게 내 생각을 말해줄 수가 없다. 내 속에 온갖 생각이 있지만 그것을 밖으로 꺼내어 여러분에게 옮겨주는 건 나의 숨이다. 하느님도 그러하시다. 그분의 숨이 당신 말씀을 밖으로 내보낸다. 그 숨이 바로 성령이시다.

무슨 결정을 내릴 때마다 우리는 살아계신 하느님께 항복해야 한다. 성령의 능력으로, 예수님 마음으로, 하느님 마음으로 만사를 보아야 한다. 대부분 사람들이 결정을 내리는 방식과 크게 다른 방식이다.

교구 소신학교에 근무할 때에 나는 자주 학생들에게 물어보았다. "어느 대학 갈 거니?" 그들이 모른다고 답하면 다시 물었다. "네가 어느 대학에 가기를 바라시는지 예수님께 여쭤보았니?" "아니오." "그래, 나는 네가 예수님께 여쭤보았으면 좋겠어. 그 생각이 네 인생에 큰 영향을 미칠 것이고, 그래야 네가 장차 예수님 마음으로 살 수 있을 테니까. 그분은 널 위한 계획을 세워두셨다. 그러니 하느님께서 어느 대학에 가길 원하시는지 여쭤봐야 한다는 얘기야."

하지만 많은 학생들은 장차 어느 대학에 갈 것인지를 결정할 때 이렇게 생각한다. '어디에 가면 돈을 많이 벌 수 있을까? 어느 대학 축제가 제일 멋진가? 어디서 좋은 남자 친구, 여자 친구를 만날 수 있을까? 어디로 가면 좋은 남편감, 아내감을 찾을 수 있을까?' 대개 이런 것들을 생각하며 결정을 내린다. 그리스도의 마음으로 결정하기 위하여, "좋습니다, 주님. 주님은 어떤 한 가지를 위해서 저를 지으셨지요. 제가 살면서 무슨 일을 하기를 원하십니까? 당신은 제가 어떻게 살기를 바라십니까?"라고 여쭙지 않는다. 부디 그리스도의 마음에 여러분의 마음을 두길 바란다. 세상 대부분의 사람들이 결정하는 방식과는 많이 다르다. 많은 사람들이 예수님의 마음이 아니라 자신의 생각이나 세상 사람들 생각으로 결정을 내린다.

날마다 우리는 주님께 말씀드린다, "제 안에 그리스도의 마음을 품었으면 좋겠습니다." 이 말은 무슨 뜻인가? 그분은 본디 하느님과 같았으나 스스로 당신 자신을 비우셨다. 그러므로 그리스도의 마음을 품고 살려면 이 책 2장에서 말했듯이 섬김의 삶을 살아야 한다. 그리스도처럼 살려면, 자기에게 주어진 사명을 감당하려면 마땅히 섬김과 사랑에 모든 초점을 맞추어야 한다. 다시 말하지만 하느님이 몸소 당신을 비우셨으니 우리 또한 자신을 비우는 게 마땅하다. 내가 무엇을 바라느냐가 아니라 하느님이 나에게서 무엇을 바라시느냐, 이게 전부다.

요한 14,31은 내가 가장 좋아하여 암송하는 성경구절 가운데 하나다. "내가 아버지를 사랑한다는 것과 아버지께서 명령하신 대로 내가 한다는 것을 세상이 알아야 한다." 우리가 그리스도의 마음으로 아버지를 사랑하고 아버지께서 명하신 대로 하여 그분을 기쁘시게 해드리고 있음을 세상에 알려야 한다.

여러분을 두고 사람들이 뭐라고 말하면 좋은지 생각해 보는 건 중요한 일이다. 나는 「사나이가 되라」는 책에서 "마지막 순간을 늘 기억하며 살라"고 말했다. 내가 죽을 때 가족과 친구들이, 누구보다도 하느님이 나를 두고 뭐라고 말씀하시기를 바라는지, 그걸 생각하면서 살라는 얘기다. 여러분은 돈 많은 사람 또는 힘 있는 권세가로 살았으니 잘 살았다는 말을 듣고 싶은가? 아니면 세상을 남들과 다르게 살았으니 잘 살았다는 말을 듣고 싶은가? 잘 생각해 보라.

나는 마지막 숨을 거둘 때 하느님께 이런 말을 듣고 싶다. "잘했다, 착하고 충실한 종아." 내 삶의 목적은 날마다 아버지께서 바라시는 일을 하여 그분을 기쁘게 해드리는 데 있다. 하지만 내 약함 때문에, 멀쩡하게 잘 하다가도 때로는 일을 그르치기도 한다.

여러분은 아침마다 왜 자리에서 일어나는가? 하늘에 계신 아버지 뜻을 이루려고? 그분을 기쁘게 해드리려고? 아니면 돈을 벌기 위해 직장에 나가야 하니까? 무엇 때문에 아침마다 일어나는가? 우리는 모두 그리스도의 마음을 품어야 한다. 앞에서도 말했지만 그것은 여러분 마음을 그분께 내어드리는 것이다. "주님, 오늘 제가 주님 눈으로 세상을 보게 해주십시오. 오늘 제가 매사를 주님처럼 생각하며 살게 해주십시오."

가톨릭 전통에 아침마다 드리는 기도가 있다. 기억하는가?

하느님, 저를 사랑으로 내시고 저에게 영혼 육신을 주시어 주님만을 섬기고 사람을 도우라 하셨나이다. 저는 비록 죄가 많사오나 주님께 받은 몸과 마음을 오롯이 도로 바쳐 찬미와 봉사의 제물로 드리오니 어여삐 여기시어 받아 주소서. 아멘.

이는 날마다 여러분의 삶을 주님께 온전히 바치는 한 방법이다. 아침마다 그날 하루의 삶을 하느님께 드리는 것으로 일과를 시작하라.

마태 2장의 동방박사 세 사람의 이야기가 그것을 잘 보여주고 있다. 그들이 아기 예수님을 뵙고 처음으로 한 일은 엎드려 경배하는 것이었다. 그들은 자기를 낮추었다. 따라서 그리스도의 마음을 품고 사는 좋은 방법은 아침마다 그분 앞에 무릎을 꿇는 것이다. 동방박사들이 그랬듯이 그리스도께 경배하며 말씀드려라. "예수님, 사랑합니다. 오늘 하루 저의 삶을 드리오니 받아주십시오." 무슨 말씀을 드리든지 간에 날마다 무릎을 꿇어라. 그분 앞에 자기를 낮추어라. 그리고 앞에서도 여러 번 말했지만, 여러분에게는 저마다 주어진 특별한 일이 있으니 그 일을 구체적으로 시작하라.

나는 강의할 때마다 사람들에게 이 말을 한다. 그리고 정말 그대로 하는지 점검한다. 결과는 90퍼센트가 그렇게 하지 않는다는 거다. 사람들은 이렇게 말한다. "아침마다 무릎을 꿇으라고요? 지금 농담하시는 거죠?" 또 이렇게 말하는 사람들도 있다. "맞아요, 신부님이 그러셨지요. 아침마다 무릎을 꿇으라고…" 사람들 대부분은 그것을 생각만 한다. 아니다, 나는 그냥 "예수님을 생각해 보라"고 하는 게 아니다. 이건 여러분이 날마다 실제로 해야 하는 일이다. 아침마다 그분 앞에 무릎을 꿇어 그분께 경배하고 보물을 선물로 드리라는 얘기다.

우리는 우리 몸으로 예수님 마음을 품어야 한다. 그분 앞에 무릎 꿇을 때마다 자기를 스스로 낮추는 겸손을 실천한다. 예수님도 언제나 당신을 낮추셨다. 여러분과 나를 위하여 하늘에서 내려오셨다. 여러분과 나를 위하여 종의 신분을 취하셨다. 여러분과 나를 위하여 죽으셨다. 그러니 아침에 일어나 무릎을 꿇고 말씀드려라. "예수님, 오늘 제가 누구를 위하여 그리스도의 마음으로 죽기를 바라십니까?" 왜냐하면 그분이 오늘 여러분과 나를 죽음으로 부르시기 때문이다.

아버지 뜻대로 할 때마다 우리는 죽는 것이다. 언제 어디서나 그렇다. 하지만 죽음의 영역에 갇히지 마라. 죽는 것은 다시 살기 위함이다! 여러분이 죽을 때, 그때가 바로 생명을 얻는 때다. 예수께서 하신 일이 바로 그것이다. 예수님이 아버지를 우러르며 "제 뜻대로 마시고 아버지 뜻대로 하십시오"라고 하시면서 그분은 실제로 십자가에 달려 죽으셨다. 여러분과 내가 아침마다 "아버지 뜻이 제게 이루어지소서"라고 말씀드릴 때 하느님은 우리에게 죽으라고, 사랑 때문에, 특히 사소한 일들에 죽으라고 하신다. 여러분이 누구를 사랑한다는 것은 그를 위해 생명을 바친다는 뜻이다.

예를 들어, 배가 고파 냉장고를 열어보니 파이 한 조각이 있다. 그런데 남편도 그 파이를 먹고 싶어 하는 눈치다. 그럴 때 이렇게 말하고 행동하라. "난 괜찮으니 당신이 먹어요." 여러분이 맥주 한 컵을 들고 텔레비전을 보고 있는데 아내가 거

4장 항복하고, 예수님의 아이콘이 되라!

실로 들어왔다면 "여보, 당신 뭐 보고 싶어? 어떤 거 틀어줄까?" 하고 리모컨을 넘겨주는 거다. 이게 바로 그리스도의 마음으로 사소한 일에 죽는 것이다.

우리 사이에 벌어지는 일이라는 게 대개 사소한 것들이다. 늘 하던 방식에서 조금 벗어나 보자. 남편은 아내를 위하여 꽃을 사고, 부인은 남편 도시락에 '사랑해요'라고 쓴 작은 카드를 넣어두는 거다. 자기보다 먼저 남을 생각하는 그것이 사랑 아닌가?

다시 한번 말하는데 날마다 예수님과 함께하면서 그분 방식으로 살기 위해 우선적으로 해야 할 일은 예수님의 마음을 지니는 것이고, 그분처럼 행동하는 거다. 1요한 3,3에 이런 말씀이 있다. "그분께 이러한 희망을 두는 사람은 모두, 그리스도께서 순결하신 것처럼 자신도 순결하게 합니다." 이 구절을 "그분이 행동하신 것처럼 행동하는 사람" 또는 "그분이 사신 것처럼 사는 사람"으로 옮길 수 있다.

대학교 2학년 때 나는 그랜드캐니언에 있는 '국립공원 그리스도인 선교센터(ACMNP)'가 주관하는 여름 피정에 참석한 적이 있었다. 나는 그해 여름 한 철을 그곳에서 보냈다. 그것은 초교파적인 모임이었고 우리가 하는 일은 주일마다 관광객들을 위한 에큐메니컬 예배를 드리는 것이었다. 나는 그때 신학생이었기 때문에 강론을 맡게 되었다.

그날 그랜드캐니언 남쪽 한 귀퉁이에서 성령 강림 대축일을 맞아 난생 처음으로 강론을 하게 되었다. 나는 길지 않은 강론을 열심히 준비했다. 죄가 어떻게 우리를 갈라놓는지 그리고 성령께서 어떻게 우리를 하나 되게 하시는지 하는 내용이었다. 마침 그랜드캐니언이 한창 제 아름다움을 뽐내는 오후 시간이었다. 나는 해를 등지고 서서 강론을 시작했다. "제 등 뒤의 스테인드글라스를 보십시오." 참석자는 열 명 가량이었고 대부분 개신교 신자들이었다. 강론을 마치자 한 여성이 다가와서 말했다. "젊은이, 훌륭한 장로교 설교였어요!" 내가 말했다. "아, 네, 전 가톨릭 신학생입니다." 그러자 그분은 마치 심장마비라도 일으킨 것처럼 가슴을 두드리며 중얼거렸다. "뭐? 가톨릭? 아…"

아까 말했듯이 우리는 초교파적 모임이었다. 퀘이커, 침례교 신자들이 모두 함께 일했다. 무엇보다 퀘이커들은 성사를 믿지 않았다. 퀘이커들은 단지 영적인 성사만을 믿는다. 그곳에 룻이라는 대단한 부인이 있었다. 비가 오면 가톨릭과 침례교에 속한 이들은 세례를 받으라고 그를 빗속으로 밀어 넣으며 "성부, 성자, 성령의 이름으로 세례를 주노라" 하고 놀려댔지만 그녀는 따라서 웃을 뿐이었다.

침례교가 신학적으로 가톨릭과 다른 점들 가운데 하나는 모든 사람이 하느님의 은총으로 구원받기 때문에 우리의 행실은 문제가 되지 않는다고 보는 것이다. 마르틴 루터도 외쳤다. "오직 믿음으로!"

좋다. 가톨릭도 믿음으로 구원받음을 믿는다. 그러나 믿음만으로는 아니다. 하느님 은총에 힘입어 예수님처럼 살아야 한다. 왜냐하면 그분은 우리를 통해서 사셔야 하기 때문이다. 수년 전, 나는 큰 음식점 주인과 논쟁을 한 적이 있었다. 전에 가톨릭 신자였다는 그는 모든 가톨릭 신자들은 지옥에 가야 한다고, 가톨릭의 모든 것은 쓰레기 같다고 했다. 내가 그의 말을 끊었다. "아, 됐습니다!" (말 나온 김에 한마디 하자. 이런 종류의 논쟁이 시작되면 바로 자리에서 일어서는 게 상책이다. 그냥 일어서는 거다.) 어쨌거나 그가 말했다. "내가 무슨 짓을 하든 상관없소." 나는 그를 힐끗 쳐다보고 말했다. "그러니까 지금 당신이 기관총을 들고 맥도날드에 가서 거기 있는 사람들을 모두 쏴 죽이고 당신도 죽는다고 해도 천국에 갈 수 있단 말이죠?" 그가 말했다, "물론! 난 은총으로 구원받았으니까." 그건 거짓이다.

여러분은 그분 은총에 항복해야 하고 여러분의 믿음이 힘 있고 진실한 것이 되려면 실제로 그렇게 살아야 한다. 야고 2,14-17을 읽어보자. "나의 형제 여러분, 누가 믿음이 있다고 말하면서 실천이 없으면 무슨 소용이 있겠습니까? 그러한 믿음이 그 사람을 구원할 수 있겠습니까? 어떤 형제나 자매가 헐벗고 그날 먹을 양식조차 없는데, 여러분 가운데 누가 그들의 몸에 필요한 것은 주지 않으면서, "평안히 가서 몸을 따뜻이 녹이고 배불리 먹으시오" 하고 말한다면, 무슨 소용이 있겠습니까? 이와 마찬가지로 믿음에 실천이 없으면 그러한 믿음은 죽은 것입니다."

우리 주님의 제자였던 야고보가 18-23절에서 말을 계속한다. "그러나 어떤 사람은 이렇게 말할 것입니다. '그대에게는 믿음이 있고 나에게는 실천이 있소.' 나에게 실천 없는 그대의 믿음을 보여주십시오. 나는 실천으로 나의 믿음을 보여주겠습니다. 그대는 하느님께서 한 분이심을 믿습니까? 그것은 잘하는 일입니다. 마귀들도 그렇게 믿고 무서워 떱니다. 아, 어리석은 사람이여! 실천 없는 믿음은 쓸모가 없다는 사실을 알고 싶습니까? 우리 조상 아브라함이 자기 아들 이사악을 제단에 바칠 때에 실천으로 의롭게 된 것이 아닙니까? 그대도 보다시피, 믿음이 그의 실천과 함께 작용하였고, 실천으로 그의 믿음이 완전하게 된 것입니다. 그렇게 하여 '아브라함이 하느님을 믿으니, 하느님께서 그것을 의로움으로 인정해 주셨다'는 성경 말씀이 이루어졌고, 그는 하느님의 벗이라고 불리게 되었습니다."

드디어 24절, 결론이다. "여러분도 보다시피, 사람은 믿음만으로 의롭게 되는 것이 아니라 실천으로 의롭게 됩니다." 우리가 그리스도의 마음을 품는다는 것은 그리스도처럼 산다는 말이다. 다시 말하지만, 모든 사람은 저마다 그리스도의 다른 얼굴을 보여준다. 그리스도와 우리 각자의 몸인 그분의 몸이 그리스도의 다른 실재를 보여주기 때문이다.

나에게는 성인 같은 친구 신부가 있다. (그는 나를 큰 죄인처럼 보이게 한다.) 그때 나는 교구 소신학교 교목 신부였고 그는 남녀공학의 교목 신부였다. 그는 늘 아이들에게 너희는 모두 특별한 존재라며 격려했다. 그러나 나는 이렇게 말했다. "내가 너희 모두 특별한 존재라고 말해주기를 바라겠지만 그런 일은 없을 것이다."

아침에 미사를 드리러 가는 홀에서 나는 한 녀석을 사물함에 밀어붙이고 그러고는 다른 녀석의 머리를 (물론 살짝) 박치기한다. 그러면 녀석들은 나를 향해 뛰어오르려고 하는데 그때 나는 "너희, 신부를 치면 다 지옥행이다! 알지?"라고 소리친다. 이게 내 방식이다. 그러니까 내 말은 우리 모두는 성품이 다르기 때문에 각자 그리스도의 다른 얼굴을 보여준다는 얘기다. 그리스도는 한 얼굴이 아니다. 우리는 저마다 그리스도의 다른 얼굴을 하고 있는 거다. 목적은 하나지만 우리 모두가 다르다. 그러므로 여러분이 해야 할 일은 하느님이 여러분 안에 사시는 것처럼 각자 다른 그리스도의 얼굴을 세상에 보여주어야 한다는 것이다.

사도들 역시 서로 전혀 달랐다. 성 베드로와 성 요한을 보자. 세상에 성 베드로와 성 요한만큼 서로 다른 사람도 드물 거다. 성 마르타와 성 마리아 두 분 모두 성인이지만 서로 다른 하느님의 얼굴을 보여준다. 그렇다. 우리는 "내가 누구보다 더 잘한다", "래리 신부가 보여주는 그리스도의 얼굴보다 내가 보여주는 그리스도의 얼굴이 더 낫지. 래리 신부가 보여주는 것은 훌륭한 얼굴이 아니다"라고 한다. 아니다. 우리는 그냥 서로 다를 뿐이다. 다른 사람은 닿을 수 없지만 나는 닿을 수 있는 그런 사람들이 있다. 반대로 다른 사람은 닿을 수 있지만 나는 닿을 수 없는 그런 사람들도 있다. 본당 사목을 할 때 나는 자주 신자들에게 말했다. "제가 여기 있는 건 예수님을 잘 아는 분들을 위해서가 아니라 오랫동안 교회에 나오지 않은 분들, 또는 오랫동안 고해성사를 보지 않은 분들을 위해서입니다."

한 번은 미드웨스트에서 열린 한 성인 남성 모임에서 강의를 하게 되었는데 그때 나는 고해성사 얘기를 꺼냈다. 나는 남성과 여성 앞에서 말할 때가 다르다. (내가 알기에 예수님도 사도들과 군중에게 말씀하실 때 다르게 하셨다.) 남성들에겐 이른바 충격요법을 자주 쓴다. 고해성사 얘기는 흔히 이런 말로 끝낸다. "그러니까 다 때려치우고 고해실로 가는 겁니다. 지금 당장. 거기 삼십 년이나 고해하지 않은 사람, 바로 지금 가세요! 예수님이 기다리고 계십니다." 그러면 사람들은 줄을 지어 고해실로 가곤 했다. 나는 친절하게 말할 줄 모른다. 남자들은 친절한 말에 반응하지 않는다. 어쨌거나 그날 나는 가야 할 시간이 되어서 겨우 몇 사람의 고해를 들을 수밖에 없었다. 며칠 뒤에 헥토르라는 사람한테서 전화가 왔다. "신부님, 신부님 강의의 반응이 정말 대단했어요. 많은 사람이 신부님 얘기가 좋다고 썼어요. 그런데 한 친구가 저에게 묻더군요. '래리 신부 강의 어땠어?'" 헥토르가 계속 말했다. "그래서 난 '음, 아주 좋았어.' 그러자 그가, '내 생각엔 아무래도 그 사람 성직을 박탈해야 해. 사제직에서 쫓아내야 한다고. 자네 그 신부가 주교님 앞에서 뭐라고 했는지 알고 있나?'라고 하더군요."

헥토르는 그 친구가 어떻게 나를 사제직에서 쫓아내야 하는지 말하며 그러기 위해서 주교에게 편지를 쓰겠다고 하더라고 했다. 나는 헥토르의 말을 들으며 이런 생각을 했다. '주교님은 교구 신부를 모함하는 편지 가운데 가장 많은 분량은 내 것이라고 하니 그러라고 하지.' 어쨌거나 헥토르는 그에게 이렇게 말했다고 했다. "자네, 정말 래리 신부에게서 사제직을 박탈해야 한다고 생각하나?" "그래." 헥토르가 한 쪽을 가리키며 말했다. "저길 보게. 뭐가 보이나?" "사람들이 고해성사 보러 가는데." "바로 저거야. 저렇게 많은 사람이 고해를 하러 줄지어 가는 걸 본 적이 있어? 그래서 래리 신부님이야말로 사제인 거야."

사람들은 모두 서로 다르게 살아간다. 당연하다. 여러분은 나하고 다르다. 여러분은 남편이나 아내나 자녀들하고도 다르다. 자녀들이 자기를 닮아야 한다고 생각하는 부모들이 있지만 그렇지 않다. 그들은 하느님을 닮아야 한다. 이게 핵심이다.

우리는 하느님의 얼굴을 세상에 보여주라는 소명을 받았다. 하느님이 바라시는 것을 알려면 우리가 세상에 그리스도로 존재해야 한다는 사실을 인식해야 한다. '하느님이 우리에게 무엇을 바라시는가?'를 알려면 스스로에게 물어보아야 한다. "그분은 당신 자녀들이 세상에서 어떻게 하기를 원하시는가?" 세상이 보고자 하는 것은 예수님이지 내가 아니다. 이 장 앞에서 인용한 요한복음을 기억하자. "선생님, 예수님을 뵙고 싶습니다." 그리고 예수 그리스도를 사람들에게 보여주어라.

갈라 2,19-20은 내가 좋아하는 성경 구절 가운데 하나다.

나는 그리스도와 함께 십자가에 못 박혔습니다. 이제는 내가 사는 것이 아니라 그리스도께서 내 안에 사시는 것입니다.

이것이 바로 예수 따름의 핵심이다. 우리는 죽어야 한다. 그리스도로 변화되려는 사람이 반드시 이루어야 하는 것은 자기에게 죽는 것이다. 여러분이 죽지 않았다면 아직은 그리스도를 따르는 사람이라고 할 수 없다. 내가 거듭 말했듯이 그리스도를 따르는 것은 날마다 자기 목숨을 내어놓는 것이다. 여러분과 나에게 주어진 소명은 사람들에게 그리스도를 보여주는 것이다. 이제 알았다면 그대로 사는 일만 남았다.

나는 제2차 세계대전 때 일본군 포로로 잡혔던 한 미군 병사 이야기를 좋아한다. 그의 수용소 생활은 지독했지만, 어떻게든 미군 포로들을 도와주려고 애썼던 한 일본군 병사만큼 혹독하지는 않았다. 경비대원들은 그 일본군 병사를 심하게 괴롭히고 음식을 빼앗은 뒤 그를 미군 포로들 숙소에 던져버렸다. 그러면 미군 포로들이 그에게 자기들 음식을 나누어 주고 정성껏 상처를 치료해 주었다.

그날도 심하게 얻어맞은 그 일본군 병사가 미군 포로 숙소에 던져졌다. 금세라도 숨을 거둘 것 같았다. 한 미군 병사가 그 곁에 무릎을 꿇고 말했다. "아무래도 당신, 오늘 밤을 넘기지 못할 것 같소. 하지만 겁내지 말아요. 당신 생명을 예수님께 드리면 영원히 살게 될 것이오."

그러자 그 일본군 병사가 뭐라고 했는지 아는가?

그는 이렇게 말했다. "예수님이라는 분이 당신 같은 사람이면 빨리 만나고 싶네요."

사람들이 우리에 대해 그렇게 말한다면 얼마나 좋을까? 여러분의 남편이 여러분에게 "예수님이라는 분이 당신 같은 사람이면 빨리 만나고 싶소"라고 말할 수 있을까? 여러분의 아내가 여러분에게 "예수님이라는 분이 당신 같은 사람이면 빨리 만나고 싶어요"라고 말할 수 있을까? 여러분 자녀들이, 여러분의 부모가 여러분에게 그런 말을 할 수 있을까? 그들이 여러분에게 "예수님이라는 분이 당신 같은 사람이면 빨리 만나고 싶어요"라고 할까?

그리스도의 마음과 얼굴을 지니고 오늘 세상에서 살려면 여러분의 생명을 바쳐야 한다. 그때 비로소 여러분은 예수님을 세상에 보여줄 수 있다. 얼마나 멋진 삶인가!

물론 이것은 평생 동안 계속되어야 하고 저마다 그 방법도 다를 것이다. 우리에게는 강점도 있고 약점도 있다. 다만 여러분도 나도 자신에게 죽는 그만큼 다른 사람들이 우리에게서 예수님을 보게 될 것이다. 여기에 핵심이 있다.

성 프란치스코가 이렇게 말했다. "밤낮없이 복음을 선포하라. 그리고 필요하다면 말로 하라." 무슨 뜻인가? 우리가 선택한 삶의 방식이 그 자체로 커다란 선포가 되기에 우리가 하는 말은 그렇게 중요하지 않다는 뜻이다.

내가 사목하는 데도 이것이 문제다. 나는 입으로 좋은 말을 하고 그 내용을 글로 쓸 수도 있다. 하지만 집에 돌아와서 생각한다. '내가 설교한 대로만 산다면 벌써 성인이 되었을 텐데, 말처럼 살지 못한다는 게 문제야!' 우리는 날마다 조금씩이라도 그분 모습으로 변화되어 하느님의 도구가 되고 그분께서 우리를 다스리시도록 허용해 드려야 한다.

그래서 우리 안에 항상 싸움이 벌어지는 거다. 하느님 뜻대로 할 것인가? 아니면 내 뜻대로 할 것인가? 하느님의 뜻을 따르려면 자기 자신을 내어드려야 하기 때문이다. 이제 그리스도께서 부활하셨다는 사실을 기억하자. 그분은 더 이상 십자가에 달려있지 않다. 우리는 그분의 죽음을 기억하려고 십자가를 지니고 다닌다. 십자가에 달리신 그리스도를 설교하고 그분이 우리 모두 안에서 여전히 고난을 당하신다고 말한다. 그러나 그분은 살아계시다. 우리는 이 놀라운 진실에 초점을 맞추어야 한다.

한평생 오로지 십자가만 바라보며 사는 사람들이 있다. 내 생각에 그것은 병적이다. 우리는 십자가를 관통해야 한다. 거기 머물러 있어서는 안 된다.

나는 부활의 사람이다. 사순절의 사람이 아니다. 사순절은 죽음에 초점을 맞추는 기간이다. 가톨릭 신자들 가운데는 사순절을 너무 사랑해서 이상해진 사람들이 있다. 그들은 무슨 자랑거리나 되듯이 말한다. "오늘 고기를 먹으면 안 돼. 사순절엔 난 초콜릿도 안 먹고 와인도 마시지 않아." 그런 사람들에게 나는 이런 말로 대거리한다. "나는 당신이 부활절을 살았으면 좋겠는데." 교회력도 마찬가지다. 부활 시기가 사순 시기보다 길다. 그렇다. 사순 시기는 40일이고 부활 시기는 50일이다.

성 아우구스티노가 말했다. "우리는 부활의 사람이다." 그러기에 여러분은 죽어도 죽은 상태로 있어서는 안 된다. 여러분과 내가 생명을 내어줄 때마다 우리는 부활한다. 그로부터 더 좋은 무엇을 얻는 거다! 여러분이 "제 생명을 당신 섬기는 일에 바칩니다"라고 말할 때 온 누리의 하느님은 더 많은 것을 돌려주실 것이다.

1988년, 아빌라의 성녀 데레사 축일인 10월 15일에 나는 부제품을 받았다. 그날 가르멜수도회 원장 수녀님이 내게 이렇게 말했다. "부제님이 사는 동안 강한 여인의 도움이 필요해서 오늘 서품을 받으신 거예요. 아빌라의 성녀 데레사야말로 더없이 강한 분이시죠."

나는 2장에서 어린 친구들에게 '래리의 아이들'이라는 글씨가 새겨진 성인 메달을 받았다는 얘기를 했다. 그때 나는 독신 서약을 하면서 내 모든 것을 포기한다고 생각했다. 하지만 하느님은 나에게 무엇이 필요한지 아셨고 그것을 넘치도록 채워주셨다. 결혼한 사람이 자녀를 열이나 낳는다고 하더라도 하느님께서는 훨씬 더 많은 아이들을 내게 주신 것이다. 그로써 아버지날은 나에게도 가장 중요한 날이 되었다. 내가 결혼을 했다면 겨우 몇 아이의 아버지가 되었겠지만 하느님은 훨씬 더 많은 아이들의 영적 아버지가 되라고 나를 부르셨다. 그러니 십자가에만 머물지 말고 그것을 관통하라. 매일 "나는 죽어야 한다. 그리고 그것을 즐겨야 한다"고 말하지 마라. 죽긴 죽되 그와 함께 주어지는 새로운 삶을 경험해야 한다.

여러분 가운데 선교를 해본 사람이 있다면 아마도 틀림없이 이런 생각을 했을 것이다. "이건 뭐, 주고 또 줘도 끝이 없네." 한때 나는 펜실베이니아 남서부의 한 본당에서 사목을 한 적이 있다. 할 일이 너무 많은 데다가 언제나 주고 또 주고 계속 주기만 하는 것 같았다. 하루는 이런 내 느낌을 보좌신부에게 투덜거리며 털어놓자 그가 나를 쳐다보며 말했다. "신부님, 우리의 고단함이 다른 이들에게 생기를 준다면 정말 대단한 일 아닌가요?" 나는 "됐네요" 하고 싶었지만, 실은 그의 말이 옳았다. 내가 생명을 내어주었기 때문에 생기를 찾는 사람들은 보지 못하고 나한테만 초점을 맞춘 것이다. 우리가 그리스도의 마음을 지녔다면 일이 너무 많아서 힘들어 죽겠다고 투덜거리는 대신 이렇게 생각할 것이다. '저 사람은 생기를 얻고, 저 사람은 용서받고, 저 사람은 새 삶을 시작하는구나. 와, 정말 영광스러운 일 아닌가?'

우리가 성숙해지는 가장 좋은 방법은 성체 앞에 머무는 것이다. 나는 신품을 받기 전부터 미사를 가장 중요하게 생각했다. 교회는 미사 또는 성체성사가 "그리스도교 생활 전체의 원천이며 정점"(『가톨릭교회 교리서』 1324)이라고 가르친다. 가톨릭 신자들은 성체를 모실 수 있는 축복받은 사람들이다. 여러분은 '네가 먹는 것이 곧 너'라는 옛말을 알 것이다. 예수님을 더 많이 모실수록 그만큼 예수가 된다. 이 글을 읽으면서 실제로 예수님의 몸을 받아 모신다는 게 믿어지지 않는 사람이 있다면 그분 몸소 "이것은 내 살이요 내 피다"라고 하신 말씀에 마음을 열기 바란다. 예수님은 거짓말쟁이가 아니시다! 교회는 이 진리를 처음부터 가르쳤다. 여러분은 예수님과 교회를 믿어야 한다.

성령께 인도해 주시기를 청하라. 그분이 그렇게 해주실 것이다. 예수께서 약속하셨다. "진리의 영께서 오시면 너희를 모든 진리 안으로 이끌어 주실 것이다." 요한 16,13 본당 사목을 마치는 날 나는 신자들에게 감실을 가리키며 물을 것이다. "여러분은 이곳에 예수님이 계신다고 믿습니까?" 모두가 손을 들 테고 나는 말할 것이다. "와, 좋습니다." 나는 또 물을 것이다.

"날마다 미사에 참석하시는 분?" 회중의 10퍼센트 또는 5퍼센트, 그도 아니면 1퍼센트가 손을 들 것이고 그러면 나는 말하겠다. "여러분 모두 거짓말쟁이입니다." 그들은 아마 이렇게 생각할지도 모른다. 나를 노려보며 말할 것이다. "신부님, 그만하시죠. 우리는 당신을 별로 좋아하지 않소. 당신은 우리에게 죄책감만 주니까."

그러면 나는 말할 것이다. "미안하지만 예수님이 우리에게 어떻게 기도하라고 가르치셨습니까? '오늘 우리에게 일용할 양식을 주시고….' 그래요. 그분은 우리에게 한 주일 먹을 양식이 아니라 오늘 먹을 양식을 주시도록 구하라고 했어요. 온 누리의 하느님인 예수 그리스도께서 지금 이 성체 안에 현존하십니다. 성체성사를 통하여 그분은 '내가 세상 끝 날까지 언제나 너희와 함께 있겠다'마태 28,20는 당신의 약속을 지키십니다. 그분은 당신의 살과 피로 여러분을 먹이십니다. 여러분은 그저 참석하지 않은 것을 사과드리는 게 전부입니다." 그리고 나는 계속 말한다. "일 년 동안 빠지지 않고 미사에 참석하는 사람에게 내가 백만 달러를 준다고 하면 여러분은 틀림없이 미사에 꼬박꼬박 참석하겠죠. 좋습니다. 여러분은 백만 달러보다 더한 것을 얻는 겁니다. 몸소 우리보다 낮은 자리로 내려오신 온 누리의 하느님을 모시는 거니까요. 그분이 '내 살을 먹고 내 피를 마시는 사람은 영원한 생명을 얻고 나도 마지막 날에 그를 다시 살릴 것'요한 6,54이라고 말씀하실 때 그분은 당신이 하실 수 있는 가장 큰 약속을 우리에게 하신 것입니다."

여러분은 예수님과 함께 있기를 원하는가? 그분은 여러분과 함께 있고 싶어 하신다. 그래서 날마다 여러분을 기다리신다. 그분은 성체성사로 여러분과 하나 되기를 원하신다. 그래서 하는 말인데 그동안 매일 미사에 참석하지 않았다면 이제부터 해보라. 매일이 어려우면 일주일에 한 번, 그러다가 일주일에 두 번, 세 번, 네 번 가는 거다. 드디어 매일 미사가 여러분 일상의 한 부분으로 자리 잡게 될 것이다. 물론 그렇게 하기가 어려운 사람이 있을 거다. 하지만 내가 앞에서 말했듯이 무엇이 여러분을 잠자리에서 일어나게 하는가? 돈인가? 예수님인가? 새벽 미사에 참석하려면 일찍 일어나야 한다. 그분을 위해서 얼마간의 잠을 희생하는 거야말로 대단한 일 아닌가? 아침에 일어나기가 힘들다고? 그래서 어쨌단 말인가? 예수님을 위해서 한번 시도해 보라.

여러분은 이렇게 생각할지 모르겠다. '래리 신부가 우리한테 아침마다 무릎 꿇고 성경을 읽고 매일 미사에 참석하라고 하는데, 뭐 우리보고 성인이 되라는 건가?' 그렇다. 바로 그것이 내가 원하는 것이고 하느님이 원하시는 것이다. 우리 모두 그렇게 되어야 한다. 우리는 세상에서 또 다른 그리스도가 되어야 한다. 날마다 성경을 읽고 매일 미사에 참석한다는 것은 우리 안에 하느님의 뜻을 찾는 마음이 있다는 표시다. 그래서 다시 권한다. 매일 미사에 참석하라. 그리고 감실 앞에서 한 시간만 예수님과 함께 앉아있어도 여러분한테 변화가 이루어질 것이다.

어느 햇볕 좋은 날 여러분이 해변에 나갔다고 상상해 보라. 그리고 바닷가 모래 위에 누워 선탠을 한다면 옷을 벗은 만큼 피부가 검게 탈 것이다. 하지만 파라솔을 쓰면 그만큼 덜 탄다. 수영복만 입고 누워있으면 여러분 몸에 반드시 변화가 일어날 것이다. 더 많이 노출할수록 더 많이 바뀔 것이다. 여러분이 예수님 계시는 곳에 가면 '선Son'탠을 받아서 그분처럼 바뀌지 않을 수 없다. 서서히 여러분과 그분이 하나가 되는 것이다.

매일 미사에 참석하기가 불가능한 사람이 있다는 건 나도 안다. 그렇다면 출근이나 퇴근할 때 잠시라도 성당 앞에 걸음을 멈추고 화살기도라도 바쳐라. 우리 할머니는 참 대단한 분이셨다. 그분이 늘 흥얼거리는 노래가 있었다.

성당 앞을 지날 때마다
나는 잠시 들어가 조배하네.
그날이 와 상여 타고 가면,
"누구냐?"고 묻지 않겠지.

삶의 마지막 순간 예수님이 "너는 영원히 나와 함께 있기를 바라느냐?"고 물으실 때 여러분이 이렇게 대답할 수 있기를 바란다. "예, 주님. 그래서 날마다 성경을 읽고 복된 성사에 참석하여 주님과 함께 시간을 보냈습니다." 그러면 그분이 여러분을 바라보며 말씀하실 것이다. "네가 과연 나와 함께 있기를 원했구나. 이제 나를 영원히 너에게 주겠다." 우리가 날마다 어떻게 사는지에 따라 영원에서 어떻게 살지가 결정된다.

세상에서 그리스도가 되려면 우리 자신에 대하여 죽어야 한다. 그분의 마음을 지니고 세상에서 그리스도가 되어야 한다. 우리는 매일 미사에서 성체를 모시는 것으로 그 일을 잘 해낼 수 있다. 아시겠는가?

행복을 위한 발걸음

1. 매일 성경 읽기
2. 매일 미사 참례
3. 매일의 봉헌
4. 성체조배

도움이 되는 기도

〈변화를 위한 기도〉

주님, 제 손을 받으소서. 제 손을 드리오니 당신께서 축복하시고 치유하시고 일하시고 위로하시고 사랑하소서. 제 손으로 당신 뜻을 거스른 것이 있으면 용서하소서.

주님, 제 입을 받으소서. 제 입을 당신께 드리오니 당신께서 말씀하시고 설교하시고 일으켜 세우시고 사랑하소서. 제 입으로 당신과 당신 백성을 다치게 한 것을 용서하소서.

주님, 제 코와 감각들을 받으소서. 이것들을 당신께 드리오니 코와 감각으로 나쁜 것에서 좋은 것을 느끼고 모든 사람 안에서 당신 사랑의 향기를 맡으소서. 제 뜻대로 왜곡한 것들을 용서하소서.

주님, 제 눈을 받으소서. 당신께 드리는 제 눈으로 모든 사람 안에서 선을 보시고, 당신 아버지의 거룩하신 영과 당신 사랑의 영을 보소서. 제가 이 눈으로 악만 보고 판단한 것을 용서하소서.

주님, 제 귀를 받으소서. 당신께 드리는 제 귀로 외로운 이들의 호소를 들으소서. 제가 귀를 막고 당신의 진리를 듣지 않은 것을 용서하소서.

주님, 제 발을 받으소서. 제가 드리는 이 발로 저와 다른 이들을 사랑의 길로 인도하소서. 이기심 때문에 제 발을 옮긴 것을 용서하소서.

주님, 제 몸을 받으소서. 제 몸을 드리오니 고난을 통하여 저 자신한테 죽게 하소서. 제 욕정을 채우려고 이 몸을 사용한 것을 용서하소서.

주님, 제 지성을 받으소서. 제 지성을 드리오니 당신처럼 생각하게 하소서. 자주 세상과 육신의 욕망을 채우려고 머리를 쓴 것을 용서하소서.

주님, 제 마음을 받으소서. 당신께 드리는 이 마음으로 사랑하고 이해하소서. 제 마음을 단단한 돌처럼 만든 것을 용서하소서.

주님, 제 생명을 받으소서. 당신께 드리는 제 생명 안에 당신께서 사시옵소서. 오로지 저만을 위해서 산 것을 용서하소서.

주님, 저 자신을 당신께 드립니다. 제 모든 것과 저 자신을 있는 그대로 당신께 드리오니 언제 어디서나 제 뜻이 아닌 당신의 뜻을 이루소서.

아멘.

– 래리 리처즈 신부

5장

항복하고,
하느님 음성을 들어라!

"내 양들은 내 목소리를 알아듣는다.
나는 그들을 알고 그들은 나를 따른다." 요한 10,27

하느님 뜻을 알려면 그분의 음성을 들어야 한다. 오랜 세월 사람들이 나에게 조언을 구하며 물었다. "신부님, 제가 어떻게 해야 하죠? 무엇이 저를 위한 하느님의 뜻일까요?" 내 대답은 늘 같다. "기도하세요!" 그러면 그들도 한결같이 대꾸한다. "그렇게 말씀하실 줄 알았어요!"

사람들은 하느님의 뜻을 알려면 기도해야 한다는 말을 듣고 싶어 하지 않는다. 너무 간단해 보이는 모양이다. 그래서 그들은 말한다. "저도 기도하지만 하느님 말씀이 들리지 않던데요." 그러면 내가 말한다. "기도할 때 입을 다무세요!" 그렇다, 기도할 때는 입을 다물어야 한다. 여러분 중에는 입을 다물라니, 그게 무슨 소리냐고 말하는 이들이 있을 것이다. 나도 안다. 말이 나온 김에 여기서 한 가지 말해야겠다.

온전히 항복하려면 먼저 잘 들을 준비가 되어야 한다. 하느님이 명령하셨다. "너희는 멈추고 내가 하느님임을 알아라."시편 46,11 입을 다무는 것은 여러분이 하느님 음성을 듣고 그분 뜻을 알기 위해 반드시 필요한 일이다. 그런데 기도하면서 마음을 고요히 하려면 시간과 인내가 필요하다. 하느님께서는 예언자 이사야를 통하여 말씀하셨다. "이스라엘의 거룩하신 분 주 하느님께서 이렇게 말씀하신다. '회개와 안정으로 너희가 구원을 받고 평온과 신뢰 속에 너희의 힘이 있다.'"이사 30,15 여러분이 기도할 때 주님을 기다려야 한다는 말이다. 기도할 때 주도권은 우리가 아니라 하느님이 갖고 계신다.

1열왕 19,11에서 하느님께서 예언자 엘리야에게 말씀하셨다. "나와서 산 위, 주님 앞에 서라." 엘리야가 산으로 올라가자 먼저 거센 바람이 불어왔다. 거센 바람 속에 하느님이 계셨던가? 아니다. 그 뒤에 지진이 일어났다. 지진 속에 하느님이 계셨던가? 아니다. 이번에는 불이 일어났다. 하느님이 불 속에 계셨던가? 아니다. 그때 가늘게 속삭이는 음성이 들렸고 엘리야는 얼굴을 가렸다. 거기 하느님이 계셨기 때문이다.

엘리야는 하느님을 기다렸다. "제가 여기에서 십 분이나 기다렸는데 아무 일도 없었어요. 그래서 이만 갑니다"라고 말하지 않았다. "이건 하나의 표지 같긴 하지만 제가 원하는 건 아니에요. 가겠습니다"라고 하지도 않았다. 하느님 음성이 들릴 때까지 참고 기다렸다. 여러분도 살면서 하느님의 뜻을 알아차

리려면 지긋이 기다려야 한다. 사람들은 나에게 말한다. "신부님, 전 하느님께 어떤 표징을 주십사 하고 청했습니다." 그들은 하느님이 아니라 하느님의 표징을 찾고 있다! 뭐가 잘못되었는지 알겠는가?

사람들은 성녀 소화 데레사에게 청한다. "저에게 장미꽃을 주십시오." 하느님께서 기도에 대한 응답으로 장미꽃을 주신다고 알려져 있기 때문이다. 그래서 장미꽃을 받으면 좋아서 어쩔 줄 모르고 그렇지 못하면 절망한다. 문제는 그들이 하느님이 아니라 마술이나 미신 따위를 좇는다는 점이다. 나는 표징을 구하는 기도에 하느님이 이렇게 답하신다고 생각한다. "입 다물어. 표징을 구하지 말고 나와 머물면서 나를 기다려라. 네가 알아야 할 것을 알려주겠다." 그래도 사람들은 말한다. "아니요. 저는 표징을 원합니다."

물론 하느님이 표징을 보여주실 때도 있다. 그분은 천사를 기드온에게 보내어 말씀하셨다. "주님께서 너와 함께 계시다." 판관 6,12 천사가 그에게 미디안 백성을 무찌르라는 하느님의 뜻을 전해준다. 기드온이 묻는다. "제가요?" 그러고는 표징을 보여달라고 청한다. 솜뭉치를 내어놓고서 아침에 솜만 이슬에 젖고 다른 데는 모두 말라있으면 하느님의 뜻인 줄 알겠다는 것이다. 하느님은 그의 뜻대로 해주셨다. 솜만 이슬에 젖고 다른 데는 말라있었다. 하지만 기드온은 다른 표징을 또 보여달라고 했다. 이번에는 반대로 솜만 마르고 다른 데는 젖게 해달라는 것이었다. 아침에 그는 또 표징을 얻었다.

이렇게 하느님이 표징을 보여주실 때도 있긴 하다. 그러나 표징을 구하는 것은 하느님께 신뢰를 두지 않는다는 거다. 하느님과 사랑의 관계를 맺는 대신에 자기가 선택할 수 있는 것이 무엇인지를 확인하려는, 그래서 자기가 옳다는 것을 증명하려는 행위다. 여러분이 하느님의 뜻을 알려면 표징을 구하지 말고, 하느님이 나보다 나를 더 사랑하시고 나에게 무엇이 정말 필요한지도 나보다 더 잘 아신다는 사실을 기억하기 바란다. 여러분은 자신의 구체적 삶에서 하느님을 신뢰해야 한다.

그분은 여러분의 아빠, 아버지시다. 그분은 여러분을 무無에서 창조하셨다. 여러분이 태어나기도 전에 여러분을 위한 계획을 세워놓으셨다. 여러분 삶의 마지막을 이미 아신다. 여러분이 할 일은, 여러분보다 하느님을 더 신뢰하는 것이다.

하느님을 알게 되는 유일한 길은 그분과 함께 시간을 보내는 거다. 그분 음성을 알아듣는 유일한 길은 날마다 침묵 속에서 그분과 함께 시간을 보내는 거다. 기도 시간에 침묵하지 않으면 아무 일도 일어나지 않을 것이다. 이것은 평생 계속되어야 할 수련이다.

나는 여러분이 적어도 하루에 10분 정도 기도하기를 바란다. 프란치스코 살레시오 성인은 "적어도 하루에 한 시간 반 기도해야 한다. 아무리 바빠도 한 시간은 기도하라"고 하셨다. 나는 여러분에게 처음부터 한 시간 반이나 한 시간 동안 기도하라고는 하지 않겠다. 하루에 10분 기도로 시작해도 좋다. 5분은 여러분이 말씀드리는 데 쓰고 나머지 5분은 하느님의 말씀을 듣는 데 써라. 그러기 위해서는 연습이 필요하다. 하느님의 현존에 들어가는 데 필요한 것은 먼저 그분께 항복하는 것이다. "주님, 저는 당신과 당신의 뜻에 항복합니다."

이것은 여러분이 주님의 기도를 바칠 때 저절로 이루어지는 일이다. 내가 사제로서 거의 유일하게 주는 보속이 이것이다. 언제나 같다. "주님의 기도를 한 번 바치세요." 그러면 사람들은 말한다. "신부님, 그것만으로는 부족한 것 같아요." 그러면 나는 "이건 그리스도께서 친히 가르쳐 주신 완전한 기도에요. 그것으로 부족하다면 할 수 없죠. 내가 다른 어떤 것을 주 겠소?" 이렇게 말하는 사람도 있다. "신부님, 주님의 기도 열 번, 아니면 묵주기도 열 번을 주세요. 그렇게라도 해야 제 마음이 좀 편해질 것 같습니다." 그러면 나는 말한다. "당신 마음 편해지는 건 잘 모르겠고, 나는 지금 사제로서 당신에게 줄 수 있는 마땅한 보속을 주는 겁니다. 주님의 기도를 한 마디 한 마디 그 뜻을 음미하면서 천천히 바치세요. 그것만으로 당신 인생을 위한 충분한 보속이 될 겁니다."

나는 특히, 주님의 기도에서 두 구절을 묵상하도록 사람들에게 권한다. 하나는 '우리 아버지'다. 우리가 하느님의 사랑받는 자녀라는 사실은 무엇을 의미하는가? 아빌라의 데레사 성녀는 황홀경에 빠지지 않고서는 주님의 기도를 바칠 수 없었다고 한다. 그분은 "우리 아버지"라는 말을 입에 올리자마자 몇 시간 동안 황홀경에 빠졌다. 온 누리의 하느님이 우리 아버지라는 말의 의미를 생각하면 곧장 황홀해졌다는 얘기다.

다른 하나는 "아버지의 뜻이 … 이루어지소서"이다. 이 구절을 곰곰이 생각할 때 여러분은 내 뜻이 아니라 아버지 뜻을 이루시라고 하느님께 말씀드리고 있는 거다. 사람들은 주님의 기도를 바치면서 이렇게 말한다. "하늘에 계신 우리 아버지, 아버지의 이름이 거룩히 빛나시며 아버지의 나라가 오시며 '저의' 뜻이 하늘에서와 같이 땅에서도 이루어지소서."

때로 사람들은 이렇게 말한다. "신부님, 하느님 때문에 돌아버리겠어요." 왜 그러냐고 까닭을 물으면 그들은 이렇게 말한다. "지난 넉 달 동안 정말 간절히 기도했는데 하나도 이루어진 게 없어요." 내가 묻는다. "흠, 그러니까 '저기, 온 누리의 하느님, 제 울타리 안으로 들어오십시오. 여기 있어요. 안 들어오시면 제가 미칠지도 몰라요.' 이게 당신의 기도였단 말이죠?" 기도는 하느님의 뜻을 우리 뜻에 맞추는 것이 아니다. 우리 뜻을 하느님 뜻에 맞추는 거다. 그 위대한 모범이 겟세마니 동산에서 드린 예수님의 기도다. "제 뜻대로 마시고 아버지 뜻대로 하소서." 여러분이 "아버지 뜻이 이루어지소서"라고 말씀드릴 때 그 말의 진정한 의미는 "아버지께서 원하시는 것이면, 그게 무엇이든 저도 원합니다. 그리고 그에 대하여 감사드립니다"이다.

내가 상냥한 사람이 아니라는 건 나도 안다. 그래서 사람들이 나에게 "신부님, 오늘 완전 망했어요"라고 하면 나는 그들에게 묻는다. "그래서 망가진 하루에 대해 감사드렸나요?" 그들이 "아니요"라고 하면 다시 묻는다. "오늘 아침 주님의 기도를 바쳤어요?" 그들이 그렇다고 하면 계속 묻는다. "아버지 뜻이 이루어지기를 기도했어요? 당신이 정말 그렇게 기도했다면 오늘 하루 망친 게 당신을 위한 하느님의 뜻인 겁니다. 하루가 망가진 게 바로 주님께서 원하신 거고, 당신을 위한 그분의 뜻이었는데 왜 감사드리지 않는 거죠? 당신이 원하는 것을 주셨는데 이제 와서 미치겠다고 하면 안 되겠죠?"

아침에 "당신의 뜻이 이루어지소서"라고 기도한다는 것은, 하느님의 뜻을 거역하는 죄짓는 일을 제외하고, 그날 하루에 일어난 모든 일이 우리를 위한 하느님의 뜻이기를 바란다는 뜻이다. 그러기에 하루를 마감하는 시간, 비록 그날이 힘들고 비참한 하루였더라도 우리는 하느님께 말씀드릴 수 있는 것이다. "고맙습니다. 오늘 제 삶에서 당신의 뜻을 이루셨습니다. 저는 싫지만, 그래도 감사드립니다. 제가 기도한 대로 된 것이니까요." 사제들과 열심한 신자들이 밤마다 잠자리에 들기 전에 '시메온의 노래'를 바치는데, 그것은 다음과 같은 구절로 시작한다. "주님, 이제야 말씀하신 대로 당신 종을 평화로이 떠나게 해주셨습니다. 제 눈이 당신의 구원을 본 것입니다. 이는 당신께서 모든 민족들 앞에서 마련하신 것으로 다른 민족들에게는 계시의 빛이며 당신 백성 이스라엘에게는 영광입니다."루카 2,29-32 그날 하루 무슨 일이 있었든지 간에 우리를 위한 하느님의 뜻과 그분의 구원역사를 보여주심에 감사드리는 것이다.

하느님은 당신의 뜻을 어떻게 이루실 것인지를 두고 우리에게 약속하신다. "하느님을 사랑하는 이들, 그분의 계획에 따라 부르심을 받은 이들에게는 모든 것이 함께 작용하여 선을 이룬다는 것을 우리는 압니다."로마 8,28 그분은 아무한테나 만사가 협력하여 선을 이루게 한다고 약속하시지 않는다. 자기 삶을 온전히 하느님께 맡긴 사람, 당신의 뜻에 항복한 사람에게만 선을 이루어 주겠다고 하신다.

무슨 일을 여러분 뜻대로 하려고 한다면, 하느님은 여러분을 자기 삶의 '하느님'이 되게 하시며 이렇게 말씀하신다. "나는 너를 사랑한다. 네가 네 삶의 주인이 되고 싶다면 얼마든지 그리 하여라. 내가 허락한다." 이 얘긴 그러니까 무슨 안 좋은 일이 있더라도 하느님을 원망해서는 안 된다는 얘기다. 여러분이 여러분 자신의 하느님이니까. 여러분은 하느님께 항복하지 않았다. 하지만 날마다 하느님께 모든 것을 맡기고 그분께 항복하면, 그분은 여러분을 위하여 큰일을 하실 것이다.

개년신학대학 2학년 때, 나는 깊은 우울(증) 속에서 헤매고 있었고 내 이마에는 갈매기 주름살이 가실 날이 없었다. 가끔 강의를 들으러 가긴 했지만 대부분의 시간을 방 안에 처박혀 있었다. 밤이면 신학교 3층에 있는 작은 감실 앞에서 시간을 보냈다. 상태가 너무 안 좋아서 한 번은 봄방학 때 집에 가지 않고 혼자 피정의 집에 가서 개인 침묵 피정을 했다.

그때 나는 하루에 한 끼 먹었다. 나머지 시간은 성당에서 혼자 기도하며 똑같은 기도를 바치고 또 바쳤다. 비록 그 기도문대로 살지는 못했지만 커다란 지향을 가지고 온 정성을 다해 바쳤다. 그것은 샤를 드 푸코 성인의 기도문이었다. 푸코 성인은 '예수의 작은 형제회'를 창설한 근간이 되었지만 젊은 시절엔 멋대로 살던 분이다. 불가지론자로서 여인들과 더불어 밤낮으로 파티를 즐기며 살다가 크게 뉘우쳐 회심하기에 이른다. 그 후에 숨어계신 예수님처럼 살고자 나자렛에서 은수자로 살았고 말년에는 아랍인들과 함께 지내다가 그곳에서 세상을 떠났다. 내가 그 시절에 수없이 드리고 또 드렸던 기도문이 바로 그가 남긴 기도문들 가운데 하나다.

아버지!
이 몸을 당신께 바치오니 좋으실 대로 하십시오.
저를 어떻게 하시든지 감사드릴 뿐,
저는 무엇에나 준비되어 있고 무엇이나 받아들이겠습니다.
아버지의 뜻이 저와 다른 모든 피조물 위에 이루어진다면,
이 밖에 다른 것은 아무것도 바라지 않습니다.
제 영혼을 당신 손에 도로 드립니다.
당신을 사랑하옵기에,
이 마음의 사랑을 다하여 내 영혼을 바칩니다.
당신은 내 아버지시기에 끝없이 믿으며
남김없이 이 몸을 드리고 당신 손에 맡기는 것이
어쩔 수 없는 저의 사랑입니다.
아멘.

나는 좌절 가운데서 끊임없이 이 기도를 바쳤다. "이 몸을 당신께 바칩니다. … 무엇이나 받아들이겠습니다. … 당신 손에

도로 드립니다. … 당신이 제 아버지시기 때문입니다." 감실 앞에서 계속 이 기도를 바치던 때가 기억난다. 나에게 가장 캄캄한 시절이었다. 내 영혼의 밑바닥에 가라앉은 느낌이었다. 내가 이 기도를 드리면서 발견한 것은 나는 혼자가 아니라는 사실이었다. 하느님이 거기 계셨고 그분은 내 아버지셨다. 나는 생각했다. 나는 혼자가 아니니 이 상황을 감당할 수 있을 거라고. 일시적으로 우울증에서 벗어났다. 그것은 흔히 생기는 일이 아니었지만, 어쨌든 가끔 그런 일이 있었다.

이 기도가 마침내 내가 그분 뜻에 굴복하도록 해주었다. 여러분이 자신을 그분께 맡기면 주님께서 여러분을 돌보실 것이다. 금방은 아니더라도 반드시 그럴 것이다. 그것이 그분의 일이기 때문이다. 그분은 여러분의 아빠시다. 여러분보다 더 여러분을 사랑하신다. 날마다 여러분을 그분께 바치고 그분 뜻에 굴복시켜라. 모든 일을 그분께 맡겨라. 나머지는 그분이 해주실 것이다. 그분을 믿고 의지하라.

나는 사람들에게 본당 성체조배실에 가서 이렇게 하기를 권했다. 수년 동안 나는 늘 성체조배실을 마련하고 싶었다. 생명의빵공동체 성요셉성당의 주임신부가 되면서 내가 한 첫 번째 일은 성체조배실을 만들고 지속적으로 조배를 시작하는 것이었다. 그 경당 벽에는 "너희는 멈추고 내가 하느님임을 알아라"시편 46,11라는 성구를 써놓았다. (이 말을 막말로 하면 "입 다물고 내가 하느님인 줄 알라"는 말일 텐데 점잖지 않은 표현인 건 사실이다.) 이 말씀을 써놓은 것은 사람들이 경당에서 기도하는 동안 잡다한 생각과 관심사들로 시간을 채우지 않도록, 하느님께서 그들을 사랑하시고 붙잡아 주시며 곁에 계시게 하려는 것이었다.

여러분이 온갖 시끄럽고 복잡한 일에 사로잡혀 있을 때에도 하느님은 그 가운데서 여러분을 보살펴 주신다. 여러분이 조금이라도 숨을 돌린다면 고요히 있어라. 그리고 항복하라. 그리고 그분이 바로 하느님이심을 알라. 그러면 모든 것이 제자리를 잡을 것이다. 성인들은 이렇게 말하곤 했다. "영원에 비교할 때 이것은 무엇인가?" 영원을 바라볼 때 여러분은 1억 년 뒤에도 살아있을 거라고 생각할 수 있을 거다. 그때 우리는 서로 물을 것이다. "우리가 세상에 있을 때 겪었던 그 온갖 어려움들이 생각나세요?" 그리고 서로에게 말할 것이다. "아니요, 기억나지 않아요. 하도 까마득한 옛날 일이라서."

여러분과 내가 하느님의 현존 앞에 있을 때 우리는 살아있으면서도 영원을 경험한다. 하느님의 '지금'에서는 우리의 모든 어려움이 "이 또한 지나가리라"가 된다. 분명 그럴 것이다. 하지만 그러려면 사는 동안 우리 자신을 그분께 온전히 맡겨드려야 한다.

성 요한 마리아 비안네 사제 기념일 성무일도 독서에서 우리는 다음과 같은 가르침을 읽는다. "물 속에 있는 고기처럼 기도 속에 완전히 파묻히는 사람들이 있습니다. 그들의 마음에는 헷갈림이 조금도 없습니다. 나는 그런 거룩한 영혼들을 얼마나 사랑하는지 모릅니다. 아시시의 성 프란치스코와 성녀 콜레트는 우리 주님을 뵙고 사람끼리 서로 이야기하듯이 그분과 대화했습니다. 한편, 얼마나 자주 우리는 무엇을 하고자 하는지 또는 무엇을 청하고자 하는지 생각지도 않고 성당에 나오는지요! 우리가 어떤 사람을 방문하러 갈 때 무엇 때문에 가는지 잘 알고 있습니다. 어떤 이들은 자비로운 하느님께 흡사 이렇게 말하려는 듯합니다. '내가 당신께 말씀 드리려고 하는 것은 한두 마디뿐입니다. 빨리 좀 가게 해주십시오⋯.' 나는 자주 이런 생각을 합니다. 곧 우리 주님을 예배하러 나올 때 우리가 산 신앙과 완전히 순수한 마음으로 청한다면 청하는 것을 모두 얻으리라는 것입니다."

그분이 말하고자 하는 바는 우리가 서로 관계를 맺듯이 하느님과 함께 시간을 보내야 한다는 것이다! 그저 전례의식에 대한 것이 아니라 그분과의 우정에 대한 것이다.

아, 우리가 하느님께 얼마나 많은 사랑을 받고 있는지를 안다면! 너무나 많은 사람이 기도하기를 부담스러워한다. 그들은 착한 사람이 되려면 기도해야 한다고, 아니면 "래리 신부가 기도해야 한다고 그랬지"라고 생각한다. 여러분이 기도하는 것은 여러분이 사랑하는 하느님과 함께 있기 위해서다. 아니, 그보다는 여러분을 사랑하시는 하느님과 함께 있기 위해서다.

젊었을 때 나는 한 달에 한 번 피츠버그 고향집에 가곤 했다. 집이 가까워지면 함께 걸어가던 누이가 소리쳤다. "래리 삼촌이 왔다!" 그때 당시 두세 살이던 조카 사만다가 어디선가 나를 향해 달려왔다. 내가 아이를 번쩍 들어 안으면 그 아이는 내 머리에 그의 작은 머리를 대고 앙증맞은 두 팔로 내 목을 껴안고는 한참 동안 놔주려 하지 않았다. 내가 저를 얼마나 사랑하는지 알고 있었기에 그렇게 나에게 매달린 것이다.

이게 기도다! 아버지께서는 날마다 여러분의 이름을 부르신다. 날마다! 그분이 바라시는 건 여러분을 안아주고 붙잡아주는 것뿐이다. 여러분이 기도하러 가는 것은 아버지 품에 안기고 싶어서다. 여러분 마음 깊은 데서 바라는 것은 그분의 사랑을 받는 것이다. 그게 전부다! 바로 이 욕구를 하느님께서는 매일 채워주신다. 우리가 그분께 달려갈 때마다 그분은 우리를 안아주시고 사랑해 주신다. 이것을 안다면 어찌 기도하고 싶지 않겠는가?

우리가 해야 할 일은 그분께 달려가 그분과 함께 있는 것이다. 우리가 기도할 때 하느님이 말씀하신다. "그래, 이미 다 알고 있다. 이제 널 안아도 되겠니?" 여러분은 응답한다. "아니, 됐어요. 해야 할 일이 있어서 급히 가봐야 해요." 그러면 하느님이 말씀하신다. "그래, 그렇게 하렴." 우리가 일어나서 밖으로 나오면 하느님은 우리 등에 대고 말씀하신다. "내가 널 안아줄 시간도 없구나." 그분은 여러분을 안아주고 싶어 하신다.

여러분 가운데는 하느님과 친밀한 관계를 갖는다는 말에 고개를 갸우뚱하는 사람이 있을지 모르겠다. 하지만 나는 여러분을 '영적 어린이'의 세계로 초대하고 싶다. 기억하라, 예수님께서 말씀하셨다. "너희가 회개하여 어린이처럼 되지 않으면, 결코 하늘나라에 들어가지 못한다." 마태 18,3 예수님의 모든 일이 바로 여기에서 비롯되었고 여러분이 출발해야 할 곳도 바로 여기다. 그분이 세례받으셨을 때 하늘 아버지께서 말씀하셨다. "너는 내가 사랑하는 아들, 내 마음에 드는 아들이다." 마르 1,11 그러니 여러분 자신을 넘어 영적인 어린이가 되라.

인격적 관계를 맺기보다 기도의 기술에 초점을 맞추는 사람들이 있다. 그들은 내게 말한다. "신부님, 묵상할 때 자꾸 분심이 들어요." 그러면 나는 말한다. "그놈의 분심에 집중하지 말고 그냥 거룩한 분의 현존 안에 머물러요. 당신이 아이를 안고 있을 때 그 아이가 자고 있든 당신 코를 만지든, 귀를 잡아당기든 그게 무슨 상관입니까? 그냥 아이가 당신과 함께 있으면 그것으로 좋은 거 아닙니까?"

나는 너무 고단해서 졸고 있을 때가 자주 있다. 특히 하루 일과를 마치고 나서 늦은 밤에 미사를 드리거나 성체조배를 할 때 그렇다. 나는 꾸벅꾸벅 졸면서 말씀드린다. "주님, 죄송합니다." 여러분은 내가 주님 품에 안겨서 졸고 있다고 그분이

화를 내실 거라고 생각하는가? 나는 그렇게 생각하지 않는다. 여러분이 그분과 함께 있기를 원하는 것, 그것이 그분께서 원하시는 것이다.

성실한 신앙인이 되고 싶으면 날마다 기도 시간을 따로 마련하라. 그리고 그 시간을 꼭 지켜라. 그 시간이 언제인지는 상관없다. 하지만 하루에 정해진 시간을 하느님께 바치는 것이 영성생활에 더없이 중요하다는 사실만큼은 틀림없다. 그러니 새벽 5시 15분부터 6시까지 45분간 기도하겠다고 약속하기보다 "주님, 제가 날마다 45분을 당신께 바치겠습니다"라고 말씀드려라. 그래서 아침에 일이 생겨 기도를 못 했다면 오후나 밤 시간에 기도를 바치는 거다.

오래 전에 나는 스튜벤빌의 프란치스코대학 성당 감실 앞에 앉아있었다. 그때 예수님께 이렇게 말씀드렸다. "예수님, 제가 이제부터 하루에 한 시간 당신께 기도하겠습니다." 그 이후로 나는 그 약속을 지키고 있다. 언제나 내가 좋아하는, 성체 앞에서 기도하진 못했지만 그분은 내가 드린 한 시간의 기도를 받으신다.

지난 25년 동안 이 약속을 지켜온 것은 그분께 드린 약속이기 때문이다. 어떤 때는 새벽 한 시에 일어나 기도를 하기도 했다. 성 요한 바오로 2세 교황께서 덴버에 오셨을 때 나도 마침 거기 있었다. 나는 우리 교구의 아이들을 데리고 주교님과 함께 교황님을 뵈러 갔다. 늦은 밤이었다. 교황님을 뵙고 와서 아이들이 모두 잠자리에 든 것을 확인한 다음 나는 미사를 드리고 성체조배를 했다. 주교님은 내가 호텔을 나서는 것을 보고 물었다. "이 밤중에 어딜 가나?" 내가 말했다. "주교님, 아직 성체조배를 못 해서요. 그래서 성당에 가서 먼저 미사를 드리고 성시간을 가지려고요." 그가 나를 바라보며 말했다. "아, 래리, 내가 관면을 주지." 내가 말했다. "주교님, 제 약속은 주교님이 아니라 하느님께 드린 것입니다." 주교님은 알았다며 나를 보내주셨다. (멋진 주교님!)

그날 내가 지킨 약속은 주교님 앞에서 순명과 존경과 독신 생활을 약속한 것과 같은 것이었다. 나는 예수님께 한 시간을 바치겠다고 약속했다.

여러분은 매일 한 시간을 하느님께 바칠 필요는 없다. 틀림 없이 그렇게 하지 못할 것이기 때문이다. 하지만 누구라도 하루에 십 분쯤은 하느님께 드릴 수 있다. 출근길에 차 안에서 드리는 기도 말고 따로 십 분을 내는 것을 말한다. 출근하다가 차가 밀려 짜증이 난다면 그건 아침기도를 깊게 하지 않았다는 증거다.

기도는 여러분이 주님을 만나는 곳에서 이루어져야 한다. 그러므로 시간이 정해졌으면 기도할 장소를 찾아야 한다. 기도 장소로 가장 좋은 곳은 물론 성당이지만 누구나 그런 호사를 누릴 수 없는 게 현실이다. 여러분이 언제든지 예수님과 만날 수 있는 곳을 집에 마련했으면 한다. 조용한 구석방이면 좋다. 내겐 아침마다 안락의자에 앉아 하느님과 만나는 친구 신부가 있다. 그는 의자 옆에 그리스도의 현존을 나타내는 초를 밝힌다. 거기에서 성무일도를 바치고 커피도 마신다. 아침마다 예수님과 함께 커피를 마시는 셈이다. 그것이 그에게 톡톡한 효과를 안겨준다.

또 나에게는 몇 년 전부터 알고 지내는 친구가 둘 있다. 둘 다 의사인데 각각 두 자녀를 두었다. 그들은 붙박이장이 있는 곳을 개조해 기도실을 만들어 매일 기도를 한다. 아무리 바쁘고 아이까지 키운다 하더라도 부활하신 예수 그리스도와 만

나는 장소를 집에 마련할 수 있다는 얘기다!

낮에 여러분이 종종대며 일할 때, 예수님은 잠시 함께하자고 부르신다. 만일 여러분이 "지금은 너무 바빠요"라고 하면 그분은 이렇게 말씀하신다. "알고 있다. 와서 내 곁에 앉아라. 너를 편하게 해주마." 여러분이 "아, 안 됩니다. 얼른 이 일을 마쳐야 해요"라고 말할지라도 그분은 여러분이 항복할 때까지 계속 부르실 것이다.

어떤 사람들은 내가 어렸을 때 이상한 아이였을 거라고 말하지만 지금도 마찬가지로 이상한 어른이라고 말하는 사람들이 있다. 어려서 나는 방에 제단을 만들어 놓고 거기에 고조할머니 때부터 내려오던 고상과 성모상, 프라하 아기 예수상을 모셨다. 그리고 요셉상도 있었는데, 불쌍한 성 요셉상은 속이 비어있어서 나는 거기에 담배를 숨겨두곤 했다. 어렸을 때 나는 그렇게 그분을 못살게 굴었다. 지금 나는 요셉 성인처럼 담배를 피우지 않지만. 하하. 나는 아침저녁으로 그곳에서 예수님을 만났다. 내 방은 예수님이 나를 부르시는 곳이고 내가 그분을 만나러 가는 곳이었다.

모두가 집에 그런 장소를 마련할 필요가 있다. 그곳에 완벽

한 제단을 꾸밀 것까지는 없지만 고상을 마주보고 앉을 의자는 있어야 한다. 여러분이 주님과 단둘이 앉아있을 만한 곳, 또는 가족과 함께 주님 앞에 앉아있는 것을 머릿속에 그려보라. 예수님을 위하여 마련한 그곳에서 날마다 그분을 만난다면 큰 도움이 될 것이다.

가톨릭 신자들에게는 우리가 사용하는 외적인 것들도 주님을 경험하는 데 많은 도움이 된다. 향을 피우고 종을 울리는 것도 그런 것이다. 우리는 기도할 때 일어서기도 하고 무릎을 꿇기도 한다. 그럴 때 여러분은 온몸으로 주님을 경배하는 것이다. 지금 나는 거의 모든 기도를 성당에서 바친다. 혼자 있는 게 좋아서다. 고요한 가운데 그분의 현존을 느낀다. 성당에 있을 때마다 나는 영감을 받는다. 그것이 늘 가톨릭교회가 바라는 바다. 인간인 우리는 성당의 구조에서 영향을 받아 고양되고 영감을 받기도 한다. 나에겐 밤하늘의 빛나는 별들과 성상들과 함께 아름다운 성당도 필요하다. 그건 내 믿음이 약하다는 증거라고 말하는 사람들이 있을지 모르겠지만 어째도 상관없다. 그렇다면 나는 믿음이 약한 사람이 되겠다. 아직도 나에겐 하느님의 현존을 일깨워 줄 사물들이 필요하다.

가톨릭교회에는 하늘에 계신 전능하신 하느님의 현존에 들어가는 자리가 언제나 마련되어 있다. 우리는 평소 우리가 있던 자리를 떠난다. 이것이 기도 중에 일어나는 일이다. 하느님은 우리가 있는 자리에서 우리를 만나시지만 당신 계신 곳으로 우리를 데려가신다. 기도할 때 하느님은 우리가 있는 자리에서 우리를 만나시지만 사실은 그분은 당신 계신 곳, 하늘로 우리를 데려가시는 것이다.

기도 안에서 하느님을 만날 때 우리는 하늘나라로 들어가는 거다. 미사에 갈 때마다 여러분은 하늘로 들어간다. 묵시 4장에는 요한이 기도하고 있을 때 문이 열렸고 하늘을 볼 수 있었다고 기록되어 있다. 우리도 기도할 때 하늘로 들어간다.

기도할 때 주님이 언제나 우리를 다정하게 대해주시는 건 아니다. 오히려 몰인정하게 대하실 때도 있다. 그래도 괜찮다. 우리를 너무나 사랑하시기에 다음 단계로 끌어올리시려는 것이기 때문이다. 1988년 나는 부제품을 받기 전 침묵 피정을 했다. 나의 영적 지도자는 제임스 피터슨 몬시뇰이었다. 그분은 날마다 그날의 복음 말씀이 나를 건드릴 때까지 읽으라고 하셨다. 어떤 이들은 그것을 '영적 러시안 룰렛'이라고 하기도 하는데, 사실 그것은 내가 오랫동안 해오던 일이었다. 하지만 그때는 예수 그리스도께 내 삶을 드리고 독신 서약을 할 준비도 되어있었기 때문에 별로 내키지 않았다. 당시 나는 피 끓는 스물여덟이었고 그런 나 자신에 대해 스스로 감탄하고 있었다. 그래서 말씀드렸다. "주님, 보십시오. 당신도 아시다시피 저는 그런 것들을 다 해왔고 제 삶을 당신께 드렸습니다. 기특하지 않으세요?" 하지만 그분은 아니었다.

나는 성경을 가슴에 품고 무릎을 꿇어 말씀드렸다. "주님, 당신의 말씀을 제 마음에 들려주십시오." 그런 다음 성경을 펼치자 요한 5,42이 눈에 들어왔다. "나는 너희에게 하느님을 사랑하는 마음이 없다는 것을 안다."

허걱! 나는 성경을 덮고 생각했다. "이건 저에게 주실 말씀이 아니지요. 주님, 지금 제정신이십니까? 아시잖아요? 저 아직 숫총각입니다. 이 나이가 되도록 모태 솔로인 녀석이 얼마나 되겠어요? 제 인생을 몽땅 당신께 바쳤습니다. 독신 서약까지 한다고요. 그런데 '내 안에 하느님을 향한 사랑이 없다'는 겁니까?" 그러고는 기도실에서 나와 낮잠을 자러 갔다. (그렇다. 잠자는 거야말로 하느님을 무시하는 괜찮은 방법이다!) 다음 기도 시간에 나는 또 말씀드렸다. "좋습니다, 주님. 당신 말씀을 주십시오. 성령이여 오소서." 그리고 성경을 펼쳤다. 그런데 이게 웬일인가? 이번에도 요한 5,42이었다. "나는 너희에게 하느님을 사랑하는 마음이 없다는 것을 안다."

나는 성경을 덮고 주님께 투덜거렸다. "당신을 위해서 제가 무엇을 더 해야 한다는 겁니까. 하느님, 저에게 무엇을 더 바라십니까? 저는 제 일생을 당신께 바쳤고 이제 곧 사제가 될 겁니다." 그리고 나는 세 번째 기도 때 주님 앞에 무릎 꿇고 말씀드렸다. "주님, 저에게 필요한 말씀을 들려주십시오. 이왕이면 좀 근사한 걸로요." 그리고 성경을 펼쳤다. 맙소사, 역시 똑같이 요한 5,42이었다. "나는 너희에게 하느님을 사랑하는 마음이 없다는 것을 안다." 나도 모르게 눈물이 났다. 성경을 덮고 감실에 계신 예수님께 말씀드렸다. "예, 맞습니다. 전 저만을 사랑했고 오직 저만을 위해서 모든 것을 했습니다. 하느님이신 예수님, 당신은 저를 창조하셨고 재창조하시고 제 마음에 당신 사랑을 심어주셨습니다."

주님께서는 내가 당신보다 나를 더 사랑했다고 아주 분명하고 솔직하게 말씀하셨다. 하지만 그분은 그런 나를 바꿔놓으실 수 있다! 여러분과 내가 그분을 충분히 사랑하지 않는다는 것을 인정하면 우리는 예수님을 바라볼 수 있고 그분이 우리를 변화시키도록 내어맡길 수 있다. 놀라운 것은 그분이 나에게 그렇게 하셨다는 사실이다. 나는 지금, 물론 완벽하게는 아니지만 어느 누구보다도 하느님을 사랑한다. 내가 그분을 지금보다 더 사랑할 수 있을까? 그렇다. 그분을 더 사랑하고 싶은가? 물론 그렇다!

우리는 성장하기 위하여 주님께서 우리를 있는 그대로 드러내시도록 해드려야 한다. 그분은 여러분에게 한 방 먹이실 수도 있고 아주 불친절하고 매정하게 말씀하실 수도 있다. 그날 그분이 나에게 그러셨다. 그분은 나와 더 깊은 관계에 들어갈 준비를 하고 계셨던 거다. 그분은 나와 더 깊은 사랑에 빠지기 위하여 먼저 내 모습을 있는 그대로 보여주셔야 했고, 나는 그분보다 나를 더 사랑했던 것을 회개할 수 있었다.

여러분이 살아계신 하느님과 언제나 달콤한 관계를 갖게 되는 건 아니지만 사랑의 관계로 들어가는 건 분명하다. 때로는 그 속에 어려움이 포함되기도 한다. 그런 일이 일어나면 그것을 하느님께 바쳐라. 하느님께서 십자가에 달리신 예수께 그러셨듯이 그 어려움 속에서도 여러분과 함께하리라고 말씀하실 것이다. 여러분은 결코 혼자가 아니다.

다시 한번 간추려 말한다. 여러분이 무엇보다 먼저 할 일은 날마다 일정한 시간을 하느님께 바치는 것이다. 그다음에는 기도 장소를 마련하고 하느님께 항복해야 한다. 여러분이 하느님의 사랑을 받고 있음을 아는 데 도움이 되는 방법을 알려주겠다. 이것은 내가 지난 이십여 년 동안 실천해 왔고 사람들에게 소개해 온 기도 공식이다. 여러분이 예수님과 만나는 데 도움이 되고 많은 결실을 맺게 해줄 것이다.

하루에 5분만 할애하라. 하느님 만나는 장소에 가 고요히 머물며 하느님께서 여러분 곁에 계신다는 사실에 집중하라. 이제 다음의 세 가지를 하라.

1. 하느님께 '죄송합니다'라고 말씀드린다. 내가 지은 죄를 살펴보고 뉘우친다. 예수님을 여러분의 구세주로 모셔라.
2. 하느님께 '항복합니다'라고 말씀드린다. 내 마음을 하느님께

온전히 항복시키고 그분이 내 삶을 주관하시도록 초대한다. 예수께서 여러분의 주님이 되시도록 허락하라.
3. 하느님께 '저를 붙잡아 주십시오'라고 청한다. 예수께 붙잡아 주실 것을 청원한 다음, 그분 말씀을 귀 기울여 듣는다. 그분이 나를 사랑하시게 내어드린다.

처음에는 이것을 하는 데 5분쯤 걸릴 것이다. 1분은 '죄송합니다'에, 1분은 '항복합니다'에 쓰고 나머지 3분은 '저를 붙잡아 주십시오'에 써서 하느님께서 여러분의 삶을 주관하시도록 하라. 그분 말씀을 귀 기울여 듣고 그분이 여러분을 사랑하시게 해드리는 것이 중요하다. 그리고 주님이 가르쳐 주신 주님의 기도로 마친다.

매일 이렇게 한다면 삶이 변화되는 것을 보게 될 것이다. 장담한다. 중요한 것은 이것을 얼마나 충실히 하느냐 하는 문제다.

이 기도 공식을 다시 한번 자세히 설명해 보겠다. 먼저 "죄송합니다"라고 말씀드린다. 예수님이 우리에게 첫 번째로 명하신 것은 '회개하라'였다. 죄가 우리를 하느님께로부터 떼어놓을 수 있다. 그러니 "죄송합니다"라고 말씀드린 다음 주님과 함께 자신의 죄를 살펴보라. 핑계는 대지 말고 그냥 죄송하다고 말씀드려라. 우리가 죄를 지을 때마다 그분은 거기 계셨다. 하지만 우리를 사랑하시기에 결코 막지 않으셨다. 그분은 거기 계셨고 우리가 그분을 아프게 해드렸지만 그분이 원하시는 것은 오직 하나, 우리를 용서하시는 것이다. 우리가 죄를 뉘우치고 회개할 때 용서는 이루어진다. 예수님께 죄송하다고 말씀드리면서 그분이 피 묻은 손을 우리 머리에 얹으시며 "내가 너를 용서한다"고 말씀하시는 것을 상상하라. 그분은 우리를 용서하기 위하여 십자가에 달려 죽으셨다. 그분은 우리를 용서하고 싶어 하신다. 그분이 그렇게 하시도록 하자.

매일의 기도에서 하는 두 번째 일은 "항복합니다" 부분이다. 물을 담기 위해 두 손을 오므렸다고 상상한다. 그리고 거기에 여태까지 저지른 모든 죄를 담았다고 생각한다. 다음엔 행복했던 순간들, 사랑하는 이와 함께하던 때, 아이가 태어나던 때, 그 모든 순간을 손에 담는다. 이번에는 슬펐던 순간들, 사랑하는 이가 죽었을 때, 마음에 상처를 입었을 때 또는 어려운 일을 당했을 때를 담는다. 좋든 나쁘든, 선하든 악하든, 기쁘든 슬프든, 거룩하든 죄스럽든 모든 과거를 담는다. 지난날을 어찌할 수 있는 사람은 없다. 그래도 상상 안에서 모든 것을 손에 담는다. 미래도 담는다. 그리고 그 모두를 주님께 바친다.

이제 모든 것을 예수께 맡겨드린다. "예수님, 제 과거와 현재와 미래의 모든 것을 당신께 바칩니다. 좋으실 대로 하십시오." 이렇게 자기의 모든 것을 예수께 맡기면서 그분을 바라본다. 그분의 미소 띤 얼굴을 보라. 우리가 모든 것을 당신께 바칠 때를 그분은 영원으로부터 기다리셨다. 그분은 우리가 우리를 사랑하는 것보다 더 우리를 사랑하신다. 우리가 행복하기를 우리보다 더 원하신다. 그분이 우리를 마주보며 말씀하신다. "나는 결코 너희를 내버려 두지 않을 것이다."

이제 기도에서 가장 중요한 대목이 남았다. 사람들이 가장 어려워하는 부분이다. 온 누리의 하느님은 우리를 당신 품에 안고 싶어 하신다. 그러므로 나이가 얼마나 되든 우리는 그분 앞에서 어린아이다. 온 누리의 하느님을 우러러보며 말씀드린다. "저를 붙잡아 주십시오." 그리스도, 온 누리의 하느님께서 두 팔로 나를 안아주신다고 상상하라. 사도 요한이 최후만

찬 때 그랬듯이 예수님 어깨에 기대라. 그분의 심장 박동소리를 들어라. 그분께서 말씀하신다. "내가 너를 사랑한다, 내가 너를 사랑한다, 내가 너를 사랑한다." 한마디도 하지 마라. 가만히 그분이 하느님이심을 알아라. 잠시 동안 가만히 하느님께서 여러분을 사랑하시게 해드려라.

주님께서는 여러분을 당신 품에 안으시고 이렇게 말씀하신다. "내 아버지이자 너희의 아버지이신 하느님을 알려주려고 내가 세상에 왔다는 걸 알았으면 좋겠구나." 그분이 여러분에게 말씀하신다. "내가 가르쳐 준 기도를 나와 함께 바치자." 그리고 침묵 가운데 예수님을 안아드리며 그분이 가르쳐 주신 기도를 함께 드리는 거다.

하늘에 계신 우리 아버지,
아버지의 이름이 거룩히 빛나시며
아버지의 나라가 오시며
아버지의 뜻이 하늘에서와 같이
땅에서도 이루어지소서!
오늘 저희에게 일용할 양식을 주시고

저희에게 잘못한 이를 저희가 용서하오니
저희 죄를 용서하시고
저희를 유혹에 빠지지 않게 하시고
악에서 구하소서.
아멘.

여러분 인생의 어느 순간도 혼자일 수 없다. 절대로! 예수 그리스도께서 여러분과 함께하신다. 한 걸음 더 나아가, 여러분을 껴안으실 때 그분은 여러분을 끌어당겨 당신과 하나 되게 하신다. 여러분이 기도할 때 예수님과 여러분은 하나가 된다. 이것이 요점이다. 여러분이 해야 할 일은 바로 이 관계에 들어가는 것이다. 그분과 함께 고요히 머물라. 그분과 함께 기도하라. 온 누리의 하느님이 여러분을 끌어안게 해드려라. 이 일을 날마다 되풀이하라. 그분께서 여러분을 바꿔놓으실 거다. 하루에 5분 동안 아버지 품에, 예수님 품에, 성령의 능력 안에 머무는 것이 여러분의 모든 것을 바꿀 것이다. 이는 하나의 과정이다. 자기가 사랑받고 있다는 사실에 눈을 뜰 때 여러분은 아무것도 두려워할 것이 없다는 것을 알게 될 것이다.

항복을 위한 발걸음

1. 매일 일정한 시간을 하느님께 바치기
2. 하느님 만나는 공간을 집에 마련하기
3. 매일 하느님을 만나 뵙고 말씀드리기
   (1) 죄송합니다.
   (2) 항복합니다.
   (3) 저를 붙잡아 주십시오.
4. 예수님이 가르쳐 주신 기도를 그분과 함께 바치기

도움이 되는 기도

〈의탁의 기도〉

아버지!
이 몸을 당신께 바치오니 좋으실 대로 하십시오.
저를 어떻게 하시든지 감사드릴 뿐,

저는 무엇에나 준비되어 있고 무엇이나 받아들이겠습니다.
아버지의 뜻이 저와 다른 모든 피조물 위에 이루어진다면,
이 밖에 다른 것은 아무것도 바라지 않습니다.

제 영혼을 당신 손에 도로 드립니다.
당신을 사랑하옵기에,
이 마음의 사랑을 다하여 내 영혼을 바칩니다.
당신은 내 아버지시기에 끝없이 믿으며
남김없이 이 몸을 드리고 당신 손에 맡기는 것이
어쩔 수 없는 저의 사랑입니다.
아멘.

— 성 샤를 드 푸코

6장

항복하고, 하느님의 뜻을 발견하라!

"'이것이 바른길이니 이리로 가거라' 하시는 말씀을
너희 귀로 듣게 되리라." 이사 30,21

하느님은 여러분을 위해서 특별한 계획을 세워두셨다. 그분에게는 여러분을 창조한 목적이 있다. 여러분이 할 일은 그게 무엇인지 알아내는 거다. 예언자 이사야는 말한다. "'이것이 바른길이니 이리로 가거라' 하시는 말씀을 너희 귀로 듣게 되리라."이사 30,21 문제는 우리가 어떻게 그분의 음성을 듣고 그 뜻을 발견하느냐이다.

만일 이 책의 1장을 읽지 않고 여기서부터 읽는다면 '멈추라!' 먼저 1장을 읽어라. 그렇게 하지 않으면 지금부터 하게 될 단계를 밟기가 어려울 것이다. 이것은 하늘로부터 무슨 '신호'를 받아야 한다는 얘기가 아니라 예수 그리스도와 긴밀한 관계를 맺고 그분이 하시는 말씀을 잘 들어야 한다는 것이다. 여러분의 삶을 위한 하느님의 뜻을 발견하기 전에 그분과 관계를 맺고 그분의 제자가 되는 것이 중요하다.

하느님의 뜻을 식별하기 위해서 여러분이 알아야 할 첫 번째 사실은 그분이 여러분을 위한 계획을 미리 세워두셨다는 것이다. 대부분의 사람들은 하느님이 뒤에 앉아 "좋아, 출발"

하고 말씀하신다고 생각한다. 그분이 우리에게 자유의지를 주셨고 우리가 원하는 것은 무엇이든 할 수 있기 때문이다. 그렇다, 그분은 우리가 원하면 무엇이든지 할 수 있도록 자유의지를 주셨다. 하지만 그분에게는 우리를 위한 계획이 있으시다. 우리는 우리가 원하는 대로 할 수도 있고 하느님께서 원하시는 대로 할 수도 있다. 선택은 우리 몫이다.

여러분이 세상에 태어나기 전부터 하느님께서는 여러분을 위하여 특별한 계획을 세우셨다. 하느님께서 예레미야를 부르실 때 뭐라고 말씀하셨던가. "모태에서 너를 빚기 전에 나는 너를 알았다. 태중에서 나오기 전에 내가 너를 성별하였다. 민족들의 예언자로 내가 너를 세웠다."예레 1,5 예레미야와 마찬가지로, 하느님은 여러분을 위한 계획도 세워놓으셨다!

성모님도 그랬다. 교회는 마리아께서 원죄 없이 잉태되셨다고 가르친다. 마리아는 원죄 없이 잉태되셨다. 예수께서 그분에게 인성人性을 받으셔야 했기 때문이다. 하느님께서는 마리아가 그 어머니의 태중에 잉태되는 순간 하느님의 특별한 은총으로 그리스도께서 세우실 공로를 미리 입게 하셨다. 하느님은 과거도 미래도 없는 '영원한 현재'에 사시는 분이기에 마리아가 잉태되실 때 그렇게 하실 수 있으셨다. 따라서 예수님 역시 죄가 없으시다. 하느님께서는 마리아가 어머니에게 잉태되기 전부터 그분을 위한 계획이 있으셨다. 마리아는 그 계획에 동조하지 않고 "아니오"라고 할 수도 있었다. 그분은 "예"나 "아니오" 중 어느 쪽이든 당신의 자유의지로 선택할 수 있으셨다. 그런데 당신을 위한 하느님의 계획에 동참하기로 결심하고 진심으로 "피앗" 곧 '주님의 뜻이 제게 이루어지소서'라고 말씀하신 것이다. 그러니까 내 말은 하느님께 성모 마리아를 위해서 계획이 있으셨듯이 우리를 위한 계획도 세우셨다는 얘기다.

예수님 역시 세상에 오실 때 이 땅에서 이루실 일이 있으셨다. 예수님은 그것을 아셨고 그것을 이루기 위하여 사셨다. 그분은 자주 당신의 '때'를 말씀하셨다. "아직 저의 때가 오지 않았습니다."요한 2,4; 참조: 요한 7,30; 8,20; 12,23 그분이 말씀하신 '때'는 십자가에서 돌아가시는 그 순간이었다. 그것을 위하여 그분은 태어나셨고 그것이 아버지 하느님께로부터 받은 사명이었다.

어느 해 주님 수난 성금요일 전례 때 나는, 지금은 사제가 아닌 한 신부와 함께 제단에 서있었다. 그는 강론 때 말하기를 예수님이 십자가에서 죽는 것은 하느님의 뜻이 아니었다고 했다. 나는 그 말을 듣고 숨이 턱 막혔다. 아무 말도 할 수 없었다. 그는 하느님께서는 우리를 사랑하시지만 당신 아들이 우리를 위하여 죽는 것을 바라진 않으셨다는 것이다. 미안하지만 그리스도께서 세상에 태어나신 이유는 당신 아버지의 뜻을 이루는 것이었고 아버지의 뜻은 우리 죄를 위해 그분이 죽는 것이었다. 이것이 전부다!

하느님은 여러분 각자를 위한 계획을 갖고 계시다. 여러분이 살아있다는 건 여러분을 위한 그분의 계획이 아직 남아있다는 거다. 여러분이 아침마다 자리에서 일어날 때 그날 하루를 위한 하느님의 계획이 있으시다. 이것이 식별이 그토록 중요한 이유다. 여러분은 부르심을 받았고 하느님께서 여러분을 창조하신 이유가 있다. 하느님은 여러분의 삶을 위한 매일의 계획을 갖고 계시다. 우리에게 들으려는 마음이 있다면 그분의 계획을 따를 것이다.

사람들이 나에게 묻는다. "하느님이 내게 바라시는 게 뭘까요? 나는 어디로 가야 하죠? 내가 살면서 해야 할 일이 뭔가요?" 나는 그들에게, 당신의 삶은 이미 하느님께서 설계해 두셨다는 것을 알라고 말해준다. 하느님이 여러분에게 바라시는 게 무엇인지 찾아야 하지만 그것을 자기 맘대로 만들 것까지는 없다.

내 경우를 예로 들어보겠다. 영원으로부터 하느님은 나를 사제로 삼으셨다. 그것은 내가 신학교에서 퇴학당했을 때에도 변함이 없었다. 당시에 성소 담당 신부님이 나에게 말했다. "래리, 우리가 자네를 내보내는 건 자네 성격 때문이야. 자네는 마치 암세포 같아 결코 좋은 신부가 될 수 없을 걸세." 흠, 그렇게 솔직히 말해준 신부님이 고맙긴 하다. 하지만 하느님은 아셨고 나도 알았다. 하느님께서는 나를 위한 계획이 따로 있다는 사실을! 나는 절대 그것을 의심하지 않았다.

열일곱 살 때 나는 펜실베이니아 피츠버그에 있는 예수공현성당에서 기도하고 있었다. 나는 무릎을 꿇고 성체 안에 계신 온 누리의 하느님께 여쭈었다. "주님, 제가 무엇을 하기를 바라십니까?" 그분은 내가 사제가 되는 거라고 하셨다. 그건 처음 있는 일이 아니었다. 예닐곱 달 전에도 나는 같은 질문을 드렸다. 그때도 나는 날마다 감실 앞에 무릎을 꿇고 여쭈었다.

"하느님, 제가 무엇을 하기를 바라십니까? 당신께서 바라시는 것은 무엇이든 하겠습니다. 하느님, 무엇을 해야 할지 말씀해 주십시오. 당신이 원하시는 것은 무엇이든 하겠습니다."

바로 그 순간 내 삶이 방향을 틀었다. 내게는 여자 친구가 있었다. 나는 '내 방식'대로 살고 싶었다. 결혼하고 싶었고 자녀들도 키우고 싶었다. 나는 제도사製圖士가 될 생각이었다. 그래서 필요한 준비를 하는 중이었다. 여러 면에서 나는 이교도 같았지만 그래도 주님 앞에 무릎을 꿇고 그분의 허락을 청했다. "주님이 무엇을 원하시든 저를 위한 계획이 있으신 줄 알고 있습니다."

그러던 어느 날, 그분은 내가 사제가 되기를 바라신다고 말씀하셨다. 당시 모든 사람이 그 생각에 반대했다. 본당 신부님은 나에게 신학교 추천서조차 써주려 하지 않았다. 내가 그분에게 "적어도 세례증명서는 발부해 주십시오"라고 하자 이렇게 말씀하셨다. "자네의 공상에 행운이 있기를 바라네."

우리 가족도 처음에는 나를 지지해 주지 않았다. 아버지는 가톨릭 신자가 아니었고, 내가 아까운 시간만 낭비한다고 생각하셨다. 아버지 꿈은 내가 변호사가 되는 것이었다. 내가 신학교에 다닐 때도 너는 신부보다 근사한 일을 찾아야 한다는 편지를 보내시곤 했다. 어머니는 내가 이러든 저러든 상관하지 않으셨다. 당시 어머니는 성당에 나가지 않으셨지만 교회가 거추장스러운 규정으로 사람들을 하느님한테서 멀어지게 한다고 생각하셨다. 예컨대 "혼인장애(조당)에 걸리면 영성체를 할 수 없다"와 같은 것들이다.

자주 나는 내가 어디에서 왔는지 궁금했다. 내 인생관이 가족과는 너무 달랐기 때문이다. 할머니는 내 편이셨지만 '저것이 잠시 저러다가 말겠지, 그리고 장가를 가겠거니' 하고 생각하셨다. 나 또한 신학교에 가게 되면 여자 친구와 헤어져야 했다. 그 애는 내가 잠시 방황하는 거라고 생각하는 것 같았다. 신학교에 들어간 뒤에도 자주 편지를 보냈다. 나는 그 편지들을 아직 간직하고 있는데 나중에 누가 보면 그것이 나에게 어떤 의미였는지 알게 될 거다. 편지마다 "래리, '뜨거운 입술' 리처즈에게"라고 되어있으니까. 기억하라, 나는 누구도 내가 신학생이 될 거라고 생각하지 않을 아주 평범하고 전형적인 고등학생이었다. 하지만 주님이 내 삶에 들어오시어 전혀 다른 방향으로 인생을 틀어버리셨다.

하느님은 처음부터 여러분을 위한 계획을 세우셨듯이 나를 위한 계획도 세워놓으셨다. 우리는 이것을 믿어야 한다. 우리 인생은 하느님 계획의 산물이다. 하지만 우리가 그분 계획에 "예"라고 응답할 때에만 그렇다. 예레미야가 그랬고 마리아가 그랬고 예수님이 그러셨듯이.

성 바오로는 에페 1,4에서 "세상 창조 이전에 그리스도 안에서 우리를 선택하시어…" 하고 상기시킨다. 앞에서 모든 사람을 위한 일반적인 하느님의 뜻을 언급했거니와 그것은 세상 창조 이전에 하느님께서 여러분 모두를 위한 계획을 세워놓으셨다는 말이기도 하다. 여러분은 어쩌다 태어난 게 아니다. 그분 계획의 실현인 것이다. 그분이 여러분 각자 이름을 불러 선택하셨다. 이제 여러분은 그 계획에 동조하고 그것을 실제로 믿어야 한다. 이것이 여러분을 위한 하느님의 뜻을 발견하는 첫걸음이다.

두 번째 걸음은 그분의 계획을 신뢰하는 것이다. 하느님의 계획이 여러분의 계획보다 낫다는 사실을 믿으라는 뜻이다. 여러분에게도 자신을 위한 계획이 있겠지만 하느님도 있으시다. 그런데 그 둘이 서로 다른 경우가 너무 흔하다.

내가 보기엔 많은 사람이 하느님의 뜻보다 자기 뜻이 이루어지기를 원하는 것 같다. 사람들이 살면서 별로 행복해하지 않는 걸 보면 알 수 있다. 사람들은 언제나 다음 일을 시도하는데, 밑 빠진 독에 물 붓기와 다를 바 없다. 세상에 태어나면서 하늘로부터 위임받은 일을 하지 않고 있기 때문이다. 지금이라도 그분의 뜻이 여러분한테서 이루어지도록 내어맡긴다면 하느님은 당장 그렇게 하실 것이다.

그냥 해보는 말이 아니라 실제로 그래야 한다. 젊은이들이 내게 결혼문제를 상의하러 오면 나는 이렇게 말한다. "바로 '이 사람이다'라고 하느님이 말씀하실 때까지는 결혼하지 말게." 내가 이 사람 괜찮다고 여겨진다고 해서 결혼하지 말라는 얘기다. 대신에 이렇게 여쭈어라. "이 사람과 제 영혼을 공유할 수 있을까요?" 여러분 곁에 있는 사람이 아니라 하느님이 여러분을 위하여 창조하신 사람을 찾아라. 하느님은 여러분이 누구와 결혼할 것인지 아신다. 바로 여러분을 위하여 만드신 사람이 있지만 여러분이 원하는 사람과 결혼하게 놔두신다.

나는 빌리 그레이엄의 아내 루스 그레이엄이 이렇게 말했다는 얘기를 들었다. "하느님이 내 기도에 '안 돼'라고 하셔서 얼마나 감사한지요. 그러지 않으셨으면 난 세 번이나 다른 남자와 결혼할 뻔했으니까요." 그러니까 그녀가 첫 남자와 데이트를 하면서 하느님께 "이 사람이 제가 바라던 사람이에요. 이 사람과 결혼하고 싶어요"라고 하자 하느님께서는 "안 돼"라고 하셨다. 그리고 다른 사람들을 만났지만 하느님은 '아니'라고 하셨다. 마침내 네 번째로 빌리 그레이엄을 만났을 때 하느님이 "좋다"라고 하셨다는 얘기다. 그녀는 하느님이 허락하실 때까지 기다린 것이다. 우리가 사는 동안에 해야 할 일이 바로 이것이다. 하느님의 뜻은 언제나 우리의 뜻보다 우위에 있다. 우리는 내일을 볼 수 없지만 그분은 보신다. 하느님께서는 우리가 행복하기를 우리보다 더 바라신다.

그분은 우리에게 자유의지를 주셨기 때문에 우리는 무엇이든 맘대로 할 수 있다. 하지만 그건 하느님이 원하시는 게 아니다. 여러분도 나도 무슨 일을 할 때마다 그것이 누구의 뜻인지를 식별하는 게 중요한 까닭이 여기에 있다. 우리는 시간을 두고 그분께 여쭈어야 한다. "하느님, 제게 바라시는 것이 이것입니까?" 그리고 우리 뜻과 하느님의 뜻 중에서 하느님의 뜻을 택하는 것이다. 언제 어디서나 그렇다. 나를 위한 하느님의 계획이 있음을 믿는다면 기꺼이 그분의 뜻을 위하여 자기 뜻을 포기할 것이다. 쉽지 않은 일이다. 그게 쉽다고 누가 말할 수 있겠는가?

나 또한 나를 위한 하느님의 뜻을 식별하고 다른 사람들도 그럴 수 있게 도와주려면 거쳐야 할 과정이 있다. 사람들마다 식별하는 방법이 다르다. 여기엔 정도正道가 없다. 하지만 모든 방법이 머리로만이 아니라 생생한 삶의 현장에서 이루어져야 한다. 그렇게 되기까지 우리는 참고 기다려야 한다.

"확신을 버리지 마십시오. 그것은 큰 상을 가져다줍니다. 여러분이 하느님의 뜻을 이루어 약속된 것을 얻으려면 인내가 필요합니다." 히브 10,35-36 하느님의 뜻을 행하고 그분이 약속하신 것을 얻으려면 참을 줄 알아야 한다. 참고 기다려야 한다. (이게 나는 잘 안 된다. 나를 아는 사람들이 말하듯이 나는 참을성이 없다.) 믿음의 행위로써 하느님의 뜻을 받아들이고, 인내심을 가져라.

하느님 뜻을 식별하는 법을 사람들에게 말할 때 나는 성당에서 5분쯤 기다리면 하느님이 당신 뜻을 일러주실 거라고 하지 않는다. 한 주가 걸릴 수도 있고 한 달이 걸릴 수도 있다. 여섯 달이 걸릴 수도 있고 일 년이 걸릴 수도 있다. 하느님은 열차가 역에 들어오기 전에는 티켓을 주시지 않는다. 우리는 앞날을 미리 알고 싶어 하지만 그건 위험한 일이다. 그래서 하느님은 우리의 앞날을 미리 말씀해 주지 않으신다. 이게 세상 돌아가는 방식이다. 이 책을 쓰면서 나는 일 년치 계획을 세우고 있다. 하지만 그 계획대로 이루어질까? 천만의 말씀! 일주일 뒤의 계획도 뒤틀릴 경우가 흔하다. 우리는 물론 근사한 계획을 세울 수 있다. 그래도 이렇게 말해야 한다. "예, 하느님. 당신께서 원하신다면!" 야고 4,15 말씀대로, "주님께서 원하시면 우리가 살아서 이런저런 일을 할 것이다." 어떤 일이 반드시 이루어져야 한다고 단정적으로 말하지 마라. 우리는 하느님이 원하시는 것을 원해야 한다. 언제든지 그분은 우리 계획을 바꿔놓으실 수 있기 때문이다. 우리는 그분이 바라시는 것에, 그게 무엇이든 간에 우리 자신을 열어놓아야 한다. 나는 아침마다 하루의 일을 계획할 수 있지만 그대로 되는 경우가 거의 없다. 무슨 일이 일어나든지 우리는 이렇게 말씀드려야 한다. "당신의 뜻을 이루십시오. 좋습니다. 제가 원치 않는 데로 저를 데려가십시오. 그렇게 해서 당신 뜻이 이루어지게 하소서." 여러분도 계획을 세울 수 있다. 하지만 그 계획들은 반드시 하느님의 뜻에 바탕을 둔 것이어야 한다.

하느님의 뜻을 식별하는 다음 단계는 여러분이 삶에서 만나는 장애물을 다루는 일이다. 그 장애물들 가운데 하나가 우리의 '과거'다. 너무나 많은 사람이 자신의 과거가 미래를 점령하게끔 방치해 버린다. 이 점을 분명히 말해야겠다. 악마는 끊임없이 우리 자신과 과거로, 그것이 좋든 나쁘든 간에 눈길을 돌리게 하지만 하느님은 언제나 당신과 미래로 눈길을 돌리게 하신다.

이 사실을 보여주는 탁월한 예가 바로 물 위를 걸은 베드로의 이야기다. 마태 14,22-33 베드로가 예수님을 바라보고 있을 때는 괜찮았다. 그가 물 위를 걸을 수 있었던 건 그것이 그를 위한 하느님의 뜻이었기 때문이다. 다시 말한다, 베드로가 예수님을 바라볼 때는 괜찮았다. 여러분도 마찬가지다. 여러분이 자기의 나약함이나 덮쳐오는 풍랑이 아니라 하느님과 그분의 뜻을 바라보는 한 괜찮다. 그런데 베드로가 자신이나 자신이 처한 상황에 눈을 돌리자마자 물에 빠지게 되었다. 그리고 그가 다시 예수님을 보고 외쳤다. "주님, 저를 살려주십시오!" 우리의 삶도 이와 같다. 우리를 부르시는 그리스도께 눈길을 돌린다. 자신의 미래를 내다보며 과거를 과거로 돌려보내라. 여러분이 여태까지 어디에 있었는지는 문제가 안 된다. 여러분이 지금 어디로 가고 있느냐가 문제다.

앞서 3장에서 말했지만 하느님의 뜻을 식별하는 데 또 다른 장애물은 우리의 죄다. 죄가 하느님의 뜻을 실천하지 못하게 하는 까닭은 우리가 자신의 뜻대로 하기 때문이다. 우리는 우리의 죄를 감당해야 한다. 곧 회개하고 하느님께 항복하며 그분과 그분의 뜻에 순종해야 한다는 말이다.

가장 큰 장애물 가운데 하나는 두려움이다. 예수님은 두려움에 대하여 뭐라고 하셨는가? "두려워하지 말고 믿기만 하여라."마르 5,36 두려워하지 말고 믿기만 하면 된다. 그런데 왜 우리는 하느님이 주신 사명을 두려움이 좌지우지하도록 놔두는가? 하느님은 여러분을 사랑하신다. 그분은 일이 어떻게 마무리될지 아신다. 여러분은 이렇게 생각해야 한다. 하느님은 영원한 현재이시다. 그러니 우리는 이미 그분 앞에서, 천국 아니면 지옥에 있는 거다. 그분은 일의 결과를 아신다. 그분은 내일을 아신다. 내일을 보실 수 있다. 그분은 이미 거기에 계신다. 그리고 우리에게 말씀하신다. "내가 여기 있다. 그러니 걱정하지 마라. 이리 오너라. 내가 너를 돌보아 주겠다." 그런데도 우리는 툭하면 이렇게 말한다. "글쎄요, 잘 모르겠는데요, 하느님."

일단 두려움에 사로잡히면 아무것도 식별할 수 없다. 두려움은 식별의 적이다. 두려움은 식별에 아무런 도움이 되지 않는다. 두려움은 언제나 악마한테서 온다. 결코 하느님한테서 오는 게 아니다. 예수께서 말씀하신다. "두려워 마라. 필요한 건 믿음뿐이다." 무엇이 믿음에 도움을 주는가? 사랑이다. "사랑에는 두려움이 없습니다. 완전한 사랑은 두려움을 쫓아냅니다."1요한 4,18 하느님의 사랑 안에 있을 때 그분을 믿을 수 있다. 우리가 그분을 알기 때문이다. 여러분이 알고 있는 가장 훌륭하고 친절한 사람을 생각해 보라. 그 사람보다 몇만 배나 더 훌륭하고 친절한 분이 하느님이시다. 그분이 우리를 보살피신다! 하느님이 우리를 얼마나 사랑하시는지를 알면 알수록 그분이 우리를 얼마나 보살펴 주시는지도 알게 될 것이다.

이쯤에서 '우리는 모두 마땅히 하느님을 두려워해야 하지 않나요?'라며 내 말에 딴죽을 걸고 싶은 사람이 있을지도 모르겠다. 그들은 잠언 1,7을 인용한다. "주님을 경외함은 지식의 근원이다." 하지만 그것은 여기서 말하는 두려움과는 다른 두려움이다. 그들이 말하는 것은 하느님을 향한 두려움이 아니라 자기들한테 일어날 무언가에 대한 두려움이다. 종류가 다르다. 하느님을 향한 두려움은 그분이 어떤 분이신지를 알게 되었을 때 저절로 느껴지는 경외심이다. 악마가 심어놓는 두려움은 우리를 걸려 넘어지게 하기 위한 것이다. 그것은 우리에게 하느님 방식이 아닌 내 방식대로 하라고 부추긴다.

이런 두려움이나 공포가 엄습할 때는 믿음으로 대적하라. 그럴 때는 하루에 수백 번이라도 예수께 부르짖는 게 최고다. "예수님, 당신을 믿습니다!" 예수께서는 파우스티나 성녀에게 발현하시어 하느님 자비의 메시지를 주셨다. 그분은 당신 그림을 벽에 걸어놓고 그 밑에 "예수님, 당신을 믿습니다"라는 글을 써놓으라고 하시며 사람들이 당신을 믿기를 바라신다고 하셨다. 여러분도 두려움이 밀려오거든 기도실에 예수님 그림을 걸어놓고 주님을 믿는다고 말씀드려라. 그 믿음이 악마를 한 방에 날려버릴 것이다!

다음으로 식별에 도움을 주는 열쇠는 성령이시다. 성령의 은사들 가운데 영의 식별이 있다. 1코린 12,10에는 "어떤 이에게는 영들을 식별하는 은사"가 주어진다고 했다. 우리에게 하느님의 마음을 보여주고 그분의 거룩한 뜻으로 우리를 이끄시는 분이 바로 성령이시다. 우리는 예수께서 공생활을 시작하실 때부터 그분의 전 생애에 걸쳐 이 사실을 보게 된다. 루카 4,1에는 예수께서 세례를 받으신 다음 "성령으로 가득 차 요르단강에서 돌아오셨다. 그리고 성령에 이끌려 광야로 가시어"라고 기록되어 있다. 하느님이신 예수님도 당신의 인성 안에서 성령이 필요하고 그분의 인도를 받아야 하실진대 하물며 우리야 더 말할 것 있겠는가?

하느님의 뜻을 식별하는 게 마술이 아닌 이유가 여기 있다. 그건 미신이 아니다. 하늘의 표징을 구하는 것도 아니다. 표징을 구하는 것은 성령의 인도를 받는 것이 아니다. 표징의 인도를 받는 거다. 예수님은 성령 안에서 살기만 하신 게 아니라 그 성령을 우리에게 보내시어 우리를 인도하신다. 요한 14,26을 보라. "보호자, 곧 아버지께서 내 이름으로 보내실 성령께서 너희에게 모든 것을 가르치시고 내가 너희에게 말한 모든 것을 기억하게 해주실 것이다." 그리고 16,13에서는 "진리의 영께서 오시면 너희를 모든 진리 안으로 이끌어 주실 것"이라고 하신다. 앞에서도 말했지만 우리에게 도움이 되는 최고의 실천 방법은 날마다 성령께 기도하고 그분이 우리를 이끄시게 하는 것이다.

사도행전은 어떻게 성령께서 초대교회를 인도하셨는지를 보여준다. "성령께서 필리포스에게, '가서 저 수레에 바싹 다가서라' 하고 이르셨다. 필리포스가 달려가 그 사람이 이사야 예언서를 읽는 것을 듣고서, '지금 읽으시는 것을 알아듣습니까?' 하고 물었다."사도 8,29-30 그리고 13,1-3에는 이런 말씀이 있다. "안티오키아 교회에는 예언자들과 교사들이 있었는데, 그들은 바르나바, 니게르라고 하는 시메온, 키레네 사람 루키오스, 헤로데 영주의 어린 시절 친구 마나엔, 그리고 사울이었다. 그들이 주님께 예배를 드리며 단식하고 있을 때에 성령께서 이르셨다. '내가 일을 맡기려고 바르나바와 사울을 불렀으니, 나를 위하여 그 일을 하게 그 사람들을 따로 세워라.' 그래서 그들은 단식하며 기도한 뒤 그 두 사람에게 안수하고 나서 떠나보냈다." 그들이 성찬례 중에 단식했다는 사실이 흥미롭다. 미사는 식별에 도움을 주는 것들 가운데 하나다. 여러분이나 내가 하느님의 뜻을 식별하는 방법 가운데 하나는 매일 단식하고 매일 미사에 가서 성령의 말씀을 듣는 것이다. 단식은 가슴을 열어 그분의 뜻을 받아들이게 해준다. 여러분이 단식하고 미사에 참석할 때 여러분은 하느님으로 가득 찬 그릇이 되는 것이다.

여러분이 마땅히 해야 할 다른 하나는 성령과 악령을 구별하는 것이다. 악령은 간혹 선한 빛의 천사로 우리에게 나타난다. 그는 별별 수단을 다 써 자신을 드러낸다. 악마가 오상의 성 비오 신부에게 한 번은 복되신 성모님으로, 또 한 번은 예수님으로 나타난 적이 있다. 비오 신부는 성수를 뿌리며 "예수 그리스도를 찬양할지어다"라고 하자 악마가 성인을 떠났다. 1요한 4,1-6은 우리에게 영들을 시험해 볼 필요가 있다고 말한다. 그 방법은 성령의 능력을 힘입는 것이다. 무엇이 성령께로부터 온 건지 아닌지를 식별하는 방법 가운데 하나는, 성령께서는 성경이나 교회의 가르침을 거스르지 않는다는 사실을 기억하는 것이다. 그리고 성령은 언제나 자신이 아니라 공동체를 건설하려 하신다. 우리가 물어야 할 내용은 이것이다. "이것이 모두를 위해 좋은 것인가? 아니면 나만을 위해 좋은 것인가?" 그리스도교에는 론 레인저(외로운 방랑자)가 없다. 그리스도교의 관심은 늘 그리스도 공동체의 건설과 성장에 있다.

성령을 식별하는 데 도움을 주는 다른 선물은 천사들이다. 천사의 주요 임무는 하느님의 뜻을 우리에게 전하는 것이다. 토빗 5,4에 보면 대천사 라파엘이 토비야에게 나타나 그를 인도하며 이렇게 말한다. "나는 영광스러운 주님 앞에서 대기하고 또 그분 앞으로 들어가는 일곱 천사 가운데 하나인 라파엘이다."토빗 12,15 루카 1,26-38에는 천사 가브리엘이 복되신 성모님께 나타나 그분을 위한 하느님의 뜻을 전한다. 마태 1,20에는 한 천사가 요셉의 꿈에 나타난다. 이렇게 천사들은 우리에게 하느님의 뜻을 전해준다.

성 비오 신부는 날마다 수호천사한테 기도하는 데는 달인이었다. 한번은 성인이 악마들의 공격을 받고 있는데 천사가 그분 머리 위를 맴돌며 노래하고 춤을 추었다. 비오 신부가 수호천사를 보고 소리쳤다. "도와줘. 도와줘!" 그런데도 악마들이 계속 비오 신부를 때리며 괴롭혔다. 이윽고 천사가 악마들을 쫓아내자 비오 신부가 천사에게 버럭 호통을 치니 천사가 몹시 기분이 상했다고 한다.

여러분한테도 여러분을 인도하고 지켜주도록 하느님이 보내신 천사가 있다. 여러분은 수호천사께 드리는 기도를 기억하는가? "저를 지켜주시는 수호천사님, 인자하신 주님께서 저를 당신께 맡기셨으니 저를 비추시고 지켜주시며 인도하시고 다스리소서, 아멘." 이것은 수호천사께 보호와 인도를 청하는 기도다. 하느님은 여러분을 세상에 보내시면서 수호천사도 함께 보내셨다. 그러므로 식별하기 위해 수호천사의 도움을 청하면 그분은 언제 어디서나 여러분을 도울 것이다.

성 비오 신부는 수호천사께 인도와 보호를 청하라고 사람들에게 권한다. 나는 어려서 흥미로운 경험을 한 적이 있다. 너덧 살 무렵 나는 피츠버그 할머니 집에서 살았다. 당시에는 집집마다 현관 앞에 계단이나 베란다가 있어서 거기 앉아 놀기도 하고 이야기를 나누기도 했다. 마을 사람들 모두가 서로 잘 알고 지냈다. 양쪽으로 차를 세워두는 길 건너편에 이웃집이 있었다. 우리 할머니 집은 앞에 큰 나무가 서있는, 마을에서 몇 안 되는 집 가운데 하나였다.

하루는 밖에서 놀다가 길을 건너려는데 인도와 차도 사이에 있는 경계석을 넘지 말라는 소리가 어디선가 들려왔다. 하지만 어떤 아이가 그러겠는가? 내가 경계석을 넘어 길을 건너는데 갑자기 차 한 대가 달려왔다. 내 몸이 차와 부딪치는 바로 그 순간 누군가 등을 와락 잡아채는 느낌이 들었다. 마침 이 장면을 목격한 할머니가 외마디소리를 지르며 달려오셨다. 내가 등 뒤를 돌아보며 물었다. "누가 나를 잡아챘어요?" 거기엔 아무도 없었다. 그때 할머니가 한 말을 나는 잊을 수 없다. "네 수호천산가 보다!" 그것이 내가 몸으로 겪은 나의 수호천사였다. 지금도 그때 기억이 생생하다.

한번은 밤중에 숲길을 운전하는데 갑자기 안전벨트가 죄어들면서 몸이 뒤로 당겨졌다. 나는 엉겁결에 속도를 늦췄는데 그와 동시에 커다란 사슴 한 마리가 찻길로 뛰어드는 것이 아닌가. 만일 충돌했으면 사슴이 죽거나 내가 죽을 수도 있는 순간이었다. 이건 정말 수호천사의 작품이었다.

천사는 하느님의 뜻 안에서 여러분을 하느님께 인도한다. 천사들은 실재한다. 우리 모두에게는 우리를 인도하고 지켜주는 천사들이 있다. 그들의 도움을 받으려면 날마다 여러분의 수호천사에게 기도하라.

여러분이 떼어놓는 발걸음마다, 여러분이 내리는 결정마다 하느님과 그분의 뜻으로 한 발 나아가든지 뒤로 물러서든지 할 뿐임을 기억하라. 어중간은 없다. 하느님께 다가가거나 멀어지는 것뿐이다. 우리는 실제로 어떻게 하는가? 여러분은 중요한 결정을 어떻게 내리는가? 하느님께서 여러분이 사제가 되기를 원하신다면 어쩌겠는가? 간호사가 되기를 원하신다면? 결혼을 하거나 아니면 특수 대학이나 직장에 들어가기를 원하신다면? 실제로 그럴 경우 여러분은 어떻게 하는가?

답해 보겠다. 여러분 앞에 다섯 가지 선택지가 있다고 치자. 그중에 어느 것도 죄가 아니다. 모두 좋은 것들이다. 기도하면서 다섯 가지 선택지를 카드 다섯 장에 따로 적는다. 다섯 선택지에 카드 다섯 장이다. 다시 기도하면서 각각의 좋은 점과 나쁜 점을 생각해 본다. 장점은 무엇이고 단점은 무엇인가? 그것이 하느님과 다른 사람들을 더 사랑하게 해주는가? 이것을 우선적으로 물어보아야 한다.

이건 시간이 필요한 과정이다. 그러니 인내해야 한다. 한 번에 끝낼 일이 아니다. 여러 날 동안 거듭 생각해야 할 수도 있다. 카드 다섯 장을 가지고 다니면서 수시로 여쭈어라. "하느님, 저에게 바라시는 게 이건가요?" 물론 이렇게 기도하기 전에, 하느님의 뜻이 이루어지기를 진심으로 원해야 한다. "당신이 원하시는 것만 하겠습니다." 여러분의 인생을 바꿔놓을 만큼 중요한 일을 결정해야 한다면 그것을 두고 하느님께 기도하는 건 물론이요, 그분이 원하시는 것만 하겠다고 말씀드려야 한다.

이제 기도 중에 다섯 가지를 따로 떼어놓고 그분께 여쭙는다. "이것이 당신이 바라시는 건가요? 제가 오늘 죽는다 해도 이 일을 하다가 죽는 것이 당신의 뜻인가요?" 어떤 것을 놓고 기도하지만 거기에서 하느님이 주시는 평화를 느끼지 못한다면 그것을 즉시 제외시킨다. 여기서 내가 말하는 '평화'는 '하느님과 다른 사람들과 자신이 하나 됨'을 의미한다. 이것이 하나 됨에서 오는 평온함이다. 그렇다. 이것은 퍼즐의 마지막 조각을 제자리에 놓는 것과 같다. 그 이유는 여러분이 바로 그것을 위해서 창조되었기 때문이다. 그리스도인인 우리는 내면이 평화로워야 한다. 평화롭지 않다는 것은 우리가 하느님의 뜻 안에 있지 않다는 표시다. 그러므로 어떤 선택을 했을 때 불안하고 혼란스럽게 느껴진다면 그것은 하느님의 뜻이 아니다. 그것을 버려라. "하느님은 무질서의 하느님이 아니라 평화의 하느님이시기 때문입니다." 1코린 14,33

며칠 기도한 끝에 이제 여러분은 다섯 개 중 세 개 정도 버렸을지도 모른다. 남은 두 가지 가운데, 어느 것을 하느님이 원하시는지 알게 될 때까지 계속 기도하라. "그분의 의지가 곧 우리의 평화이니"*라는 말을 기억하면서 마음이 평화롭지 않다면 뭔가 잘못된 거다. 내 안에 평화가 없는 데는 두 가지 이유가 있다. 하나는 내가 하느님 뜻대로 하고 있지 않아서다. 다른 하나는 죄를 짓고 있기 때문이다. 이 둘 가운데 어느 쪽인지를 가려내는 건 쉽다. 여러분이 고해성사를 착실히 보고 대죄를 짓지 않았는데도 마음에 평화가 없다면 하느님께서 원하시는 대로 하지 않기 때문이다.

하느님의 뜻을 식별하는 데는 영적 지도자의 도움이 필요하다. 필립보 네리 성인은 "스스로를 자신의 영적 지도자로 삼

---

* 단테 알리기에리, 「단테의 신곡 하」, 최민순 옮김(가톨릭, 2021), 301.

는 것은 영적 지도자를 우롱하는 것이다"라고 말했다. 하느님의 뜻을 식별하기 위해 영적 지도자를 두는 것은 큰 도움이 된다. 아빌라의 성녀 데레사의 말씀대로 영적 지도자에게 순종하는 것은 하느님께 순종하는 것이다.

이것이 그토록 중요한 까닭은 하느님이 원하시는 것이 무엇인지 안다고 생각했는데 전혀 아닌 때가 있어서다. 수년 전, 첫 번째 걸프 전쟁이 일어났을 때 하느님께서 나를 해군 군목으로 부르신다는 느낌이 들었다. 그래서 주교님께 전화로 신청했는데 즉시 답이 왔다. "좋소, 래리. 그럽시다." 나는 흥분했다. 그런데 미처 영적 지도자에게 말하지 않았다는 사실이 생각났다. 그래서 그를 찾아갔더니 그가 나를 빤히 쳐다보면서 말했다. "절대 안 됩니다!" 내가 말했다. "네? 벌써 주교님 승낙을 받았는데요?"

"어쨌든 안 됩니다!"

"그럼 어떻게 해요?"

"주교님께 전화해서 영적 지도자가 허락하지 않는다고 말씀드리세요."

그래서 주교님에게 전화했더니 아무렇지도 않게 "알았어

요, 래리. 그러세요" 하는 것이었다. 당시 나는 기분이 별로였다. 하지만 하느님께는 나에게 다른 계획이 있으셨고 그것을 영적 지도자 입으로 말씀하셨던 것이다.

그때 내가 군목으로 갔다면 지금과 다르게 살고 있을 것이다. 지금 하고 있는 '희망재단' 설립은 시작도 못 했을 거다. 이 훌륭한 본당에서 사목도 못 했을 것이다. 영적 지도자에게 순명하는 것은 하느님께 순명하는 것이다.

여러분이 어떤 사람을 영적 지도자로 모시기 전에 먼저 그가 하느님을 잘 알고 있다는 사실이 분명해야 한다. 이 일에는 아주 신중해야 한다. 여러분보다 예수님을 더 잘 알고 있는 사람을 영적 지도자로 삼아야 한다.

때로 사람들은, 사제는 모두 하느님을 잘 알 거라고 생각한다. 그렇지 않다. 사제라고 해서 저절로 하느님을 아는 건 아니다. 사제를 만날 때는 그가 미사 드리는 모습을 살펴보라. 그가 성체 안에 계신 예수님을 사랑한다면, 그리고 사람들이 그가 예수님을 사랑한다는 것을 볼 수 있다면 지도자 자격이 있겠다. 예수님을 사랑한다고 말하는 것과 실제로 사랑하는 건 다른 얘기다.

여러분은 수도자나 거룩한 평신도들한테서 그런 사랑을 볼 수 있다. 평소에 나는 영적 지도자로 남자는 남자를, 여자는 여자를 만나라고 권한다. 남녀가 서로 다르기 때문이다. 하지만 반드시 그래야 하는 건 아니다. 나는 대신학교 시절에 수녀님에게 영적 지도를 받은 적이 있었다. 그분이 내가 그리스도와 동행할 수 있도록 많은 도움을 주셨다. 그러므로 누군가를 영적 지도자로 모시고자 할 때는 마음을 정하기 전에 반드시 기도해야 한다.

어떤 분을 영적 지도자로 삼기 전에 몇 차례 만나볼 수도 있다. 그가 여러분에게 마음의 평화를 안겨주고 하느님과 이웃을 더 많이 사랑하도록 격려해 준다면 그를 영적 지도자로 삼아라. 일단 그에게 영적 지도를 받기로 마음먹었다면 '지도자에게 순명하는 것이 곧 하느님께 순명하는 것'이라는 말을 기억하라. 영적 지도자가 여러분을 위한 하느님의 뜻을 분명히 보여줄 것이다. 그가 정말 온 누리의 하느님을 알고 있는지, 그것을 확실하게 알아야 하는 이유가 여기에 있다.

여러분이 아는 '영적인 사람'에게 하느님의 뜻을 식별하도록 도와달라고 부탁할 수도 있다. 내가 말하는 '영적'이라는 것은 그들이 진실히 기도하고 사랑하는 사람이라는 의미다. 그러나 그이들은 여러분의 결정에 별 관심이 없을 수도 있다. 예를 들어, 어머니에게 어느 대학에 갈 것인지 물어보지 마라. 어머니는 자식이 자기한테 가까이 오거나 멀리 떨어지기를 바랄 수 있고 그래서 자식을 위한 하느님의 뜻보다 자기 생각에 근거하여 조언할 수 있기 때문이다.

신학생들의 영적 지도자로서 내가 하는 일은 그들을 학교에 붙잡아 두는 것이 아니라, 그들을 하느님의 뜻으로 인도하는 거다. 나는 학생들에게 말한다. "너희를 위한 하느님의 뜻을 식별해야 한다. 나나 너희 부모님을 기쁘게 하려고 하지 마라. 너희가 기쁘게 해드릴 분은 오직 하느님뿐이시다." 하느님의 뜻을 식별코자 할 때는 다른 누구도 염두에 두지 말아야 한다. 오직 하느님만 생각해야 한다. 여러분은 하느님의 뜻을 이루어 드려야 한다. 그러므로 그분의 뜻을 식별하는 자리에 어떤 사람도 끼어들면 안 된다.

평소에 일할 때 나는 사람들과 의논한다. 영적 지도자뿐 아니라 다른 사람들과도 이야기를 나눈다. 하지만 중요한 결정을 내릴 때는 오직 하느님께 기도드린다.

이 문제에 대해 한 신부는 이렇게 말했다. "그들에게 상식대로 하라고 하시오." 하지만 하느님은 때로 인간 상식에 어긋나는 일도 하신다. 그분은 늙은 아브람에게 집을 떠나라고 하시면서 어디로 갈지 일러주시지도 않았다.창세 12장 남자를 모르는 소녀에게 아이를 낳게 될 거라고 하셨다.루카 1,26-37 참조 이게 상식인가? 그러므로 인간 상식이 하느님의 뜻을 식별하는 잣대일 순 없다.

마지막으로 하느님의 뜻을 식별하는 데 도움이 되는 생각이 있다. 이것은 우리가 알아야 할 위대한 영적 원리로 "하느님은 당신이 먼저 중국인들처럼 중국을 사랑하지 않고서는 아무도 중국에 보내지 않으신다." 한번은 나한테 영적 지도를 받는 젊은이 하나가 사제수품을 앞두고 눈물을 흘리며 말했다. "하느님이 원하신다면 사제가 되겠어요. 하지만 신부님, 저에게는 정말 사랑하는 여자 친구가 있습니다." 내가 그에게 말했다. "아들아, 그건 하느님이 네가 사제 되기를 바라지 않으신다는 훌륭한 신호다." 하느님의 뜻대로 할 때, 그것이 비록 죽는 길이라 해도 우리는 거기에서 기쁨을 발견할 것이다. 하느님이 우리를 위하여 준비해 놓으신 기쁨 말이다. 처음엔 몰랐더라도 그것이 진정 하느님의 뜻이라면 그분이 우리 마음을 바꾸어 당신이 원하시는 일을 하게 하실 것이다.

여러분이 무엇인가를 식별할 때 평화로움을 느낀다면 그것이 하느님의 뜻인 것이 분명하다. 일단 그분의 뜻임을 알았으면 그대로 해야 한다. 이것이 우리를 하느님께 산 제물로 바치는 길이다. 여기에 대해서는 다음 장에서 계속하자.

항복을 위한 발걸음

1. 하느님이 갖고 계신, 나에 대한 특별한 계획을 믿기
2. 그분의 계획이 내 계획보다 낫다는 사실을 믿기
3. 참고 견디기
4. 하느님께 모든 두려움을 치워달라고 기도하기
5. 그분 뜻에 항복하기
6. 성령께 도움 청하기
7. 선택한 것을 열거하기
8. 마음의 평온에 초점 맞추기

9. 영적 지도자 또는 다른 사람들의 조언을 마음에 새기기

10. 하느님의 평화를 다른 이에게 옮기기

> 도움이 되는 기도

〈성령께 드리는 기도〉

제 영혼이 사랑하는 성령님, 당신을 흠숭합니다.
저를 일깨우시고 인도하시고 힘을 주시고 위로하소서.
제가 무엇을 해야 하는지 일러주시고, 저에게 명하소서.
당신이 원하시는 모든 일에 저를 내어드리고
제게 일어나도록 당신이 허락하신 모든 것을
받아들일 것을 약속합니다.
오직 당신의 뜻만을 찾게 하소서.

— 조세프 메르시에 추기경

7장

항복하고,
하느님의 뜻을 살라!

"형제 여러분, 내가 하느님의 자비에 힘입어 여러분에게 권고합니다. 여러분의 몸을 하느님 마음에 드는 거룩한 산 제물로 바치십시오. 이것이 바로 여러분이 드려야 하는 합당한 예배입니다." 로마 12,1

프란치스코 성인과 관련하여 재미난 이야기가 있다. 하루는 성인이 밭에서 괭이질을 하고 있는데 어떤 사람이 와서 물었다. "프란치스코, 당신이 세 시간 뒤에 죽는다면 지금 무얼 하겠소?" 그가 대답했다. "계속 괭이질을 하고 있을 겁니다." 이렇게 말할 수 있었던 것은 지금 자기가 하느님의 뜻을 이행하고 있다고 생각하기 때문이었다. 무슨 일이 있든지, 지금 당장 하느님이 부르신다 해도 아무 문제 될 것 없이 살아가는 것, 그것에 삶의 평화가 달려있다. 지금 하고 있는 일을 계속하는 것, 그것이 곧 하느님의 뜻이기 때문이다.

우리가 이렇게 되려면, 이 책에서 말하고 싶은 것이지만, 다른 방식이 아니라 오직 하느님의 방식으로 살아야 한다. 성 바오로는 로마 12,1-2에서 이렇게 말한다. "형제 여러분, 내가 하느님의 자비에 힘입어 여러분에게 권고합니다. 여러분의 몸을 하느님 마음에 드는 거룩한 산 제물로 바치십시오. 이것이 바로 여러분이 드려야 하는 합당한 예배입니다. 여러분은 현세에 동화되지 말고 정신을 새롭게 하여 여러분 자신이 변화

되게 하십시오. 그리하여 무엇이 하느님의 뜻인지, 무엇이 선하고 무엇이 하느님 마음에 들며 무엇이 완전한 것인지 분별할 수 있게 하십시오." 무엇이 살아있는 제물인가? 여러분은 살아있는 제물에 대해 생각해 본 적이 있는가? 제물로 바친다는 건 자기 목숨을 내어놓는다는 말이다. '살아있는'이라는 말은 생명을 바치면서 살아있다는 뜻이다. 그러므로 살아있는 제물이 된다는 말은 그런 일들을 통해서 상처를 입게 된다는 뜻이다. (여러분은 어떤가? 나는 싫다.)

4장에서 내가 일이 너무 많다고 투덜거리자 어느 신부가 우리의 고단함이 다른 누군가에게 생명을 준다면 대단한 일 아니냐고 말하더란 얘기, 기억하는가? 그날 그 한마디가 내 양미간을 정통으로 강타했다! 사제가 된 지 여러 해가 지났지만 처음 들은 말이었다. 그가 정말 옳았다. 여러분과 내가 살아있는 제물이 되고 몹시 피곤하다면 그것은 우리가 누군가에게 생명의 기운을 주고 있는 것이다. 살아있는 제물이 된다는 것은 바로 그런 거다. 여러분과 내가 살아있는 제물이 되는 데는 다른 이유가 없다. 그것은 누군가에게 생명을 주기 위해서다. 우리의 고달픔이 누군가에게 새로운 삶의 기운을 준다! 얼마나 대단하고 영광스러운 일인가?

우리가 살아있는 제물이 된다는 것은 십자가에 달린 그분처럼 산다는 뜻이다. 그리스도께서 우리 안에 계신다. 사람들이 우리에게서 십자가에 달리신 그리스도의 모습을 볼 수 있어야 한다. 이 말은 우리의 삶이 다른 이들을 위한 삶이어야 한다는 의미다. 예수님은 우리에게 당신의 생명을 주셨다. 이제 우리가 그렇게 할 차례다. 우리는 마땅히 이렇게 말씀드려야 한다. "하느님, 오늘 하루 제가 바라는 일이 아니라 당신이 바라시는 일을 하고 싶습니다. 저를 쓰십시오." 정말 흥분되는 일이 아닌가?

나는 아침마다 잠자리에서 일어나면서 이렇게 말씀드린다. "하느님께서 원하시는 일을 저도 원합니다." 그리고 예수께 말씀드린다. "예수님, 사랑합니다. 오늘 하루 제 삶을 당신께 드립니다. 당신 뜻을 이루소서. 주님, 당신 영광을 위해 저를 쓰십시오." 기분이 좋고 짜릿한 날엔 이렇게 생각한다. '오늘은 무슨 일이 생길까?' 반대로 왠지 두렵고 불안한 날엔 '오늘 무슨 일이 생기려나? 휴ㅡ.'

둘의 차이를 말한다면 이런 거다. 나한테 초점을 맞출 땐

'휴—'가 되는 거고, 하느님께 초점을 맞출 땐 기분 좋은 기대를 하게 된다. 하지만 아무 대가 없이 그런 일이 일어난다는 얘긴 아니다. 이런저런 모임이나 본당에서 강론할 때 나는 생각한다. '오늘 몇 사람은 삶에 변화가 있을 거야.' 그러면서 나는 그 대가를 어떻게든 지불해야 한다는 것을 안다. 나는 내 삶의 일부를 내어놓고 사람들은 그것에서 변화를 경험한다. 그런 까닭에 짜릿한 기분을 느끼는 거다. 내가 깨어서 그리스도 안에 머물면 짜릿함을 느끼는 거고 내 안에 머물면 두려움과 불안을 느낀다.

우리 뜻과 하느님 뜻이 일치하게 되면 우리는 성인이 된다. 성 프란치스코가 몇 시간 뒤에 죽는다 해도 지금 하고 있는 일을 계속하겠다고 한 경지가 바로 그런 것이다. 우리도 그 경지에 이르러야 한다. 그러려면 안팎으로 평화로워야 한다. 평화가 없다면 어딘가 잘못된 거다. 앞에서 말했듯이 대죄를 짓고도 회개하지 않거나 하느님의 뜻을 좇아 살지 않는다는 얘기다.

밤이고 낮이고 평화를 누리려면 우리는 하느님 안에 있어야 한다. 우리가 해야 하는 가장 중요한 일들 가운데 하나는 마태 6,33을 사는 것이다. "너희는 먼저 하느님의 나라와 그분의 의로움을 찾아라. 그러면 이 모든 것도 곁들여 받게 될 것이다."

문제는 우리가 엉뚱한 것들을 추구하면서 하느님 나라에 들려고 한다는 거다. 우리는 무엇보다 먼저 하느님 나라를 찾아야 한다. 하느님 나라는 간단하다. 하느님의 뜻이 땅에서 이루어지는 것이다. 땅에서 하느님 뜻을 살기 시작할 때 우리는 하늘나라를 경험하기 시작한다. 시에나의 성녀 가타리나는 이렇게 말한다. "하느님께 가는 모든 길이 바로 하늘나라. 예수님께서 '나는 길이다'라고 하셨기 때문이다." 그러므로 우리가 하느님 뜻대로 산다면 하늘나라를 미리 맛보게 된다. '주님의 기도'에서 "아버지의 나라가 오시며 아버지의 뜻이 하늘에서와 같이 땅에서도 이루어지소서"라는 말에 그 의미가 반영되어 있다. 내가 땅에서 하느님 뜻을 살 때 하늘나라를 사는 거다. 나는 매일 그 나라를 흘낏흘낏 보며 살고 있다. 내가 하느님의 뜻대로 살 때 하늘나라를 사는 것이기 때문이다. 나는 하느님과 하나 되어있다. 하느님과 나는 그분의 뜻 안에서 하나가 되었다.

요한 15장을 읽어보자. 내가 좋아하는 대목이다. 사람들이 성경을 어디서부터 읽으면 좋으냐고 물을 때 요한 15장을 권한다. 그렇게 하는 것은 그 대목이 우리에게 아주 많은 것을 가르쳐 주기 때문이다. 요한 15,5은 이렇게 시작된다. "나는 포도나무요 너희는 가지다. 내 안에 머무르고 나도 그 안에 머무르는 사람은 많은 열매를 맺는다. 너희는 나 없이 아무것도 하지 못한다." 자, 생각해 보자. 그분이 우리 안에 사시고 우리가 그분 안에 산다. 그분은 임마누엘, "우리와 함께 계시는 하느님"이시다.

문제는 하느님이 항상 우리와 함께하시냐 아니냐는 것이 아니다. 물론 그분은 언제나 우리와 함께 계신다. 그분이 우리 안에 사시는 건 분명한 사실이다. 문제는 '우리가 그분 안에 사느냐?'다. 스스로에게 물어보자. "나는 그분과 함께 사는가? 그분의 뜻 안에서 걷는가? 정말 나는 예수 그리스도 안에서 살고 있나?" 그분은 "나는 포도나무요 너희는 가지"라고 말씀하시고 이어서 '나를 떠나서는 아무것도 할 수 없다'고 하신다. 요한 15,5 참조

정말 아주 간단하다. 내가 세우는 것이 하늘나라인가? 아

니면 내 왕국인가? 나는 지금 하느님의 이름을 선포하는가? 아니면 내 이름을 선포하는가? 우리는 날마다 자신에게 이렇게 물어야 한다. 내가 하느님의 뜻을 살려고 하는 것은 그래야 그분의 나라를 찾을 수 있기 때문이다. 그때 다른 모든 것이 제자리를 찾게 되리라고 그분은 약속하신다.

요한 15장의 핵심은 9절이다. "아버지께서 나를 사랑하신 것처럼 나도 너희를 사랑하였다." 여러분과 내가 날마다 이 구절을 진지하게 묵상한다면 우리 삶이 바뀔 것이다. 아버지 하느님은 예수님을 사랑하신 그 사랑으로 우리를 사랑하신다. 그분이 우리를 위해서 예수님을 죽게 하셨으니 우리를 그분보다 더 사랑하신 거라고 말하는 사람이 있을지 모르겠다. 얼마나 놀라운 일인가. 온 누리의 하느님이 여러분을 보신다. 그분이 예수님을 보셨고 또 여러분을 택하셨다. 그분이 여러분의 죗값으로 예수 그리스도를 죽게 하신 것은 여러분을 사랑하시기 때문이었다. 여러분과 나를 사랑하시기에 모든 것을 기꺼이 내어주신 것이다.

예수님은 우리가 사랑받았음을 말씀하시고 나서 그분의 사랑 안에 살라고 명하신다. 그분의 사랑 안에 산다는 것, 이것이 평화 안에 살고 하느님의 뜻 안에서 걸어가기 위한 열쇠다. 내가 사랑받고 그분의 사랑 안에 산다는 것을 알면서 살아가는 것, 그것이 바로 하느님의 뜻 안에 사는 것이다. 이렇게 살면서 그분의 평화가 어떤 것인지를 깨쳐라.

어떻게 그분의 사랑 안에서 살 것인가? 예수께서 말씀하신다. "내가 내 아버지의 계명을 지켜 그분의 사랑 안에 머무르는 것처럼, 너희도 내 계명을 지키면 내 사랑 안에 머무를 것이다."요한 15,10 예수님 말씀은 그분께 순종하는 것이 하느님의 사랑 안에서 살아가는 길, 평화로워지는 길이라는 것이다. 내 삶 자체가 그분께 대한 순종이어야 한다는 말이다. 그리스도께서 누리셨던 평화를 누리고 날마다 그분의 사랑 안에서 살고 싶으면 마땅히 그분의 계명을 지켜야 한다.

계명을 지킨다고 하면 사람들은 보통 십계명을 생각한다. 하지만 그것은 예수님의 계명이 아니다. 요한 15,12에서 그분이 말씀하신다. "이것이 나의 계명이다. 내가 너희를 사랑한 것처럼 너희도 서로 사랑하여라." 물론 십계명도 지켜야 하지만 그것을 넘어 예수님이 주신 사랑의 계명을 지켜야 한다. "내가 너희에게 이 말을 한 이유는, 내 기쁨이 너희 안에 있고 또 너희 기쁨이 충만하게 하려는 것이다."요한 15,11 이것이 우리가 날마다 살아가는 방법이고 하느님의 뜻을 사는 방법이다. 우리가 하느님의 명령대로 살 때, 그분의 뜻 안에서 살 때 우리는 그분의 사랑 안에서 사는 것이고 비로소 참된 기쁨을 맛보게 될 것이다.

수년 전 로마에 있는 사랑의선교수녀회 수녀원에서 미사를 드린 적이 있었다. 나와, 동창인 닉 신부가 이른 아침 그 수녀원에 도착하니 한 수녀가 활짝 웃으며 우리를 맞았다. 그 수녀는 우리를 성당으로 안내했다. 미사가 진행되는 동안 수녀들은 내내 마룻바닥에 무릎을 꿇고 있었다. 닉 신부가 복음서를 읽고 강론을 시작했다. 그런데 그가 하느님의 말씀에 대하여 말하다가 갑자기 나를 웃음거리로 만든 것이다. (상상해 보라. 그가 나의 피츠버그 사투리를 흉내 내다니, 그 친구 연옥에 오래 있어야 할 거다!) 그러자 수녀들은 무릎 꿇은 채 허리를 잡고 웃기 시작했다. 누군가의 삶에 하느님이 현존하신다는 가장 분명한 표시는 거기에 기쁨이 있는 것이다. 기쁨이 없다면 하느님의 뜻을 살지 않는다는 얘기다. 모름지기 우리는 기쁨의 백성이어야 한다.

하지만 기쁨과 유머가 늘 같은 건 아니다. 한번은 내가 젊은이들 앞에서 강의를 하다가 곁에 있는 신부들 가운데 하나를 가리키며 가볍게 흉을 보았다. 모두가 배꼽 잡고 웃는데 당사자인 신부를 보니 얼굴이 굳어있었다. 강연이 끝나고 그에게 물었다. "왜 아까 웃지 않았어?" 그가 말했다. "신부님이 아무 말 하지 않으면 그냥 지나가려고 했는데" 그가 말을 이었다. "아까 그 농담 별로였어."

내가 말했다. "그게 내 성격인 거 세상이 다 알고 있잖아?"

그가 말했다. "난 그게 잘못된 거라고 봐." (나는 속으로 생각했다. '잘못? 한번도 그런 말을 들어보지 못했는데.') 그가 계속했다. "나는 그 농담이 하느님한테서 온 거라고 생각하지 않아." 나는 그에게 이번 주말까지 다시는 그런 농담을 하지 않겠다고 약속했다. 그러자 그가 빈정대며 말했다. "이번 주말까지만? 죽을 때까지가 아니고?" (맙소사, 주님, 자비를 베푸소서!)

누군가를 불쾌하게 만드는 농담은 바람직하지 않다. 우리는 너무 쉽게 남의 흉을 본다. 우리끼리 하는 말인데, 신부들이 모인 자리에서도 안 좋은 농담들이 휙휙 날아다닌다. 나는 예민한 사람들에게는 될 수 있으면 농담을 하지 않는다. 나는 그런 농담들이 악이라고는 보지 않는다. 내 말은 사람들의 농담 코드가 서로 다르다는 것이고 기쁨은 그와는 또 다른 거라는 얘기다.

내 생각에는 너무 많은 사람이 그리스도를 따르는 길에서 기쁨을 제외시킨다. 그리스도교를 유머가 없는 곳으로 만드는 것이다. 예수님은 우리의 기쁨이 완전해지기를 바라신다고 하셨다. 여러분은 기쁨의 사람인가?

한번은 동료 신부와 길을 가다가 심하게 논쟁을 하게 되었다. 그는 우리가 죽기 전에 충분한 고통을 겪어야 한다는 것이었다. 내가 말했다. "난 그 말을 절대 받아들일 수 없어. 온 누리의 하느님이 우리에게 고통을 위한 고통을 겪으라고 하신다면, 난 그런 하느님을 믿지 않겠어." 그가 말했다. "좋아, 우리 가운데 먼저 죽는 쪽이 누가 옳은지 알게 되겠지." 내가 말했다. "하느님이 진짜 우리에게 고통을 위한 고통을 겪으라고 하신다면 그건 사랑의 하느님이 아니지. 이 세상에 고통은 존재해. 하지만 그건 사랑의 고통이야. 내가 자네를 위해서 목숨을 바친다면 고통스럽겠지. 하지만 그건 즐거운 고통이야. 거기에서 더 좋은 결과가 나올 테니까."

고통 자체는 고약한 것이다! 어쩔 수 없이 고통을 겪게 되거든 그 고통을 누군가를 위해 하느님께 바쳐라. 그때 여러분의 행위는 사랑의 행위인 것이다. 루카 4,38-39에서 예수님은 베드로의 장모를 고쳐주신다. 그 여자는 치유를 받고 나서 무엇을 했던가? 시중을 들었다. 사람들을 사랑한 것이다.

예수님이 병자에게 손을 대자 고통이 아니라 치유가 일어났다. 여러분이 하느님 말씀을 읽을 때도 그렇다. 예수님은 치유를 일으키신다. 죽은 사람을 소생시키신다. 예수님이 가져다주시는 건 언제나 치유와 생명이다.

사람마다 견해가 다르겠지만 나는 내게 고통을 주고 좋아하시는 하느님보다 나를 고쳐주시고 생명을 주시는 하느님을 모시겠다. 생각해 보라. 하느님은 여러분이 즐겁고 행복하게 살기를 바라신다. 그것이 여러분을 위한 하느님의 뜻이다. 하느님의 뜻대로 살고자 노력하면 저절로 사는 게 즐거울 것이다. 우리 삶에 기쁨이 없다면 그건 하느님의 뜻이 아니다. 그분은 우리가 기쁘게 살기를 바라신다. 왜 우리는 기꺼이 그 길을 가려고 하지 않는가?

우리가 이 땅에 사는 건 고통을 경험하기 위해서라고 생각하는 사람들이 있던데, 아니다. 그렇지 않다. 틀린 생각이다. 그것은 예수님의 뜻이 아니다. 예수님은 "너희는 세상에서 고난을 겪을 것이다"요한 16,33라고 말씀하신다. 하지만 그 어려움은 그분한테서 오는 게 아니라 세상에서 오는 거다. 예수님은 우리가 어려운 일을 겪으리라고 하신 다음 이어서 말씀하신다. "그러나 용기를 내어라. 내가 세상을 이겼다."

사제 생활을 하면서 죽어가는 이들을 위해 하느님의 도구로 쓰일 때가 있다. 그들에게 기름을 발라주고 병자성사를 집전하고 본향으로 잘 돌아갈 수 있도록 준비하는 일을 함께한다. 간혹 기름을 발라주고 나서 주님의 자비를 비는 기도를 바치며 "우리와 온 세상에 자비를 베푸소서"에 병자성사를 받는 이의 이름을 넣는다. 이를테면 "앨리스와 온 세상에 자비를 베푸소서"라고 기도한다. 그들과 함께 기도하면서 나는 머지않아 그들이 예수님을 만나는 장면을 상상한다. 그래서 그들에게 말한다. "두려워하지 마세요. 그분은 이 세상 누구보다도 당신을 더 사랑하십니다. 그분이 기다리고 계세요. 당신은 이제 고향으로 가는 겁니다."

여러분이 고향의 예수께 간다는 사실을 알면 어찌 두려울 수 있겠는가. 그 사실이 여러분에게 큰 기쁨이어야 한다. 죽음이라는 공통된 통과의례는 사람마다 다르게 올 수 있지만 우리 모두가 같은 생각을 하고 있는지 분명히 해야 한다. 곧 하늘나라에서 그분과 함께 있는 것, 그것이 하느님의 뜻이라는 것이다. 이것이 여러분의 뜻으로 되는 일인가?

하느님은 우리가 연옥에 가는 것을 원치 않으신다. 우리 가운데 누군가 그곳에 갈 수는 있겠지만 그분이 바라시는 건 그것이 아니다. 그러니 어떻게 하면 곧장 하늘나라로 가서 그분과 함께 있을 수 있을까? 병자성사를 받으면 된다. 행복한 죽음을 맞이하기 위하여 요셉 성인께 기도드리는 것이 그래서 중요하다. 병자성사를 받고 생애를 마무리하려면 고해성사도 보고 도유 예식과 마지막 영성체도 하게 되며 그때 성교회로부터 대사大赦를 받게 된다. 대사는 우리가 지은 죄의 잠벌을 면하게 해준다. 이것이 하늘나라로 가는 직행 표다. 우리를 위해 십자가에서 돌아가신 그리스도의 은총으로 하늘나라가 완전히 주어지는 것이다.

여러분과 내가 하늘나라에 간다면 우리가 무엇을 했기 때문이 아니라 예수님이 우리를 위해서 하신 일에 협력했기 때문이다. 예수 그리스도 바로 다음으로 하늘나라에 간 사람은 누굴까? 착한 강도다. 그는 평생 못된 짓을 한 사람이었다. 그런 그가 죽기 직전에 온 누리의 하느님을 바라보고 말씀드렸다. "예수님, 선생님의 나라에 들어가실 때 저를 기억해 주십시오."루카 23,42 그 순간 그의 뜻과 예수님의 뜻이 하나가 되었다. 예수께서 그에게 말씀하셨다. "내가 진실로 너에게 말한다. 너는 오늘 나와 함께 낙원에 있을 것이다." 그분은 '다음 주에', '오십 년 뒤에' 또는 '마지막 때'라고 하지 않고 '오늘!'이라고 하셨다.

하느님은 착한 강도가 당신과 함께 낙원에 있기를 바라신 만큼 여러분도 당신과 함께 있기를 바라신다. 그러니 두려워하지 마라. 하루하루 그날이 마지막 날인 것처럼 살아라. 온 힘을 다하여 그분을 사랑하고 바라라. 여러분이 그분을 믿고 의지하면 그분은 당신 자신을 선물로 주시고 여러분의 간절한 소망을 들어주실 것이다.

마지막 날 예수님이 오실 때 어떤 이들은 그분을 보고 비명을 지르며 달아날 것이다. 반대로 그분을 뵙고 너무 좋아서 함박웃음을 짓는 사람들도 있을 것이다. 모든 것이 우리한테 달려있다. 우리는 그분을 사랑하는가? 오시는 그분을 맞이할 준비가 되어있는가? 아니면 그분이 무서워서 보자마자 도망칠 것인가? 나는 모든 사람이 그분을 사랑하고 그분이 오시기를 기다렸으면 좋겠다. 여러분은 흥분되지 않는가? 그분이 얼마나 흥분하실지 모르겠지만 우리는 무척 흥분할 것이다. 우리는 그것을 위해 창조된 것이니까.

그리스도교를 자기네 초라한 신앙에 맞게 개조하는 사람들이 있다. 그런 사람들은 언제나 있었다. 그들은 그리스도교에서 기쁨과 즐거움을 제거해 버린다. 숱한 이단이 나타나 많은 사람을 참신앙과 교회의 가르침에서 돌아서게 했다. 나는 늘 말한다. "교회의 가르침과 성경의 가르침에 초점을 맞추십시오. 그러면 결코 잘못되지 않을 겁니다." 다른 모든 것은 그저 사람들의 견해일 뿐이다. 나는 그런 것에 조금도 관심을 두지 않는다. 우리는 다만 참된 진리, 하느님께서 우리에게 계시하신 것에만 초점을 맞추어야 한다.

기억하라, 우리에게는 오늘날 교회의 네 가지 현대적 표지가 있다. 하나이고, 거룩하고, 보편되고, 사도적인 교회가 그것이다. 교회의 원래 표지는 사도 2,42에 나온다. "그들은 사도들의 가르침을 받고 친교를 이루며 빵을 떼어 나누고 기도하는 일에 전념하였다." 이것이 초대교회의 네 가지 표지였다. 우리가 하느님 뜻 안에서 살고자 한다면 초대교회처럼 해야 한다. "처음과 같이 이제와 영원히."

우리는 교회의 가르침에 자신을 바친 사람들이다. 놀라운 일 아닌가? 성경은 초대교회 그리스도인들이 '하느님 말씀'에 자기를 바쳤다고 하지 않는다. 사도들이 전해준, 하느님 말씀에 대한 '가르침'에 자기를 바쳤다고 한다. 사도들은 무엇을 가르쳤나? 하느님 말씀이다. 하지만 그들은 그것을 예수님 방식으로, 권위 있게 가르쳤다.

문제는 이것이다. 여러분은 하느님이 어떤 사람들을 미워하신다고 주장하는 사람들이나 교회를 보았을 거다. 그러면서 그들은 자기네가 하느님의 뜻을 설교한다고 말한다. 틀렸다. 틀렸을 뿐 아니라 악하다. 사탄은 사람들을 홀려서 하느님 말씀을 왜곡하게 하고 하느님이 계시하신 것보다 자기 말을 믿도록 만든다. 누가 성경 말씀을 인용한다고 해서 그가 하느님의 사람인 건 아니다. 악마도 자주 하느님 말씀을 인용한다. 사탄은 (말씀 자체이신) 예수님 앞에서 하느님 말씀을 인용하여 왜곡시키고 자기가 하라는 대로 하라고 그분을 유혹했다.

누가 오늘의 사도들인가? 주교들이다. 여러분이 사도들을 좇아서 누구를 가르친다면 성교회의 교도권敎導權을 따라야 한다. 그것이 여러분을 하느님의 뜻 안에 있도록 지켜준다. 그것이 교회의 공식적인 가르침이다. 자기 마음대로 해석하는 이런저런 사람들의 견해가 아니다.

하나 더, 가톨릭교회의 가르침은 성경에만 국한되지 않는다. 교회의 성전과 성경은 동일한 신적 원천에서 나왔다. 누가 어떤 것은 가톨릭의 공식적인 가르침이 아니라고 하거든 그들의 견해에 아예 관심이 없다고 말하라. 누군가의 해석은 진리가 아니다. 하느님이 성교회를 통하여 선언하신 그것이 진리다.

「가톨릭교회 교리서」 첫 줄에서 성 요한 바오로 2세 교황은 이렇게 강조한다. '신앙의 유산을 지키는 것은 주님께서 당신 교회에 맡기신 사명이다.' 신앙의 유산이 교회가 가르치는 모든 것이다. 하느님이 삼위일체시라는 가르침, 예수님이 하느님이시고 우리가 은총으로 구원받았고 우리가 서로 사랑하기를 원하신다는 가르침이다! 교회의 핵심 임무는 하느님의 계시를 지키고 보호하는 것이다. 여러분이 계시를 뒤죽박죽으로 만들기 시작하면 진리를 뒤죽박죽으로 만드는 것이다. 우리는 이 성전, 이 계시를 지켜야 한다. 그보다 중요한 것은 없기 때문이다. 초대교회는 사도들이 전하는 말씀을 경청했고 그것은 하느님이 몸소 그들에게 내리신 것이었다. 베드로가 예수님이 메시아시라고 고백했을 때를 기억하라. 그때 예수님은 말씀하셨다. "그것을 너에게 알려준 이는 사람이 아니라 하늘에 계신 너희 아버지시다." 이어서 반석이라는 뜻인 베드로라는 이름과 함께 천국의 열쇠를 그에게 주셨다.

초대교회의 두 번째 표지는 그들이 공동체 삶에 헌신했다는 것이다. 그리스도교에는 '론 레인저'가 없다. 우리는 언제나 공동체로 존재한다. 여러분이 주일에 집에만 있으면서 침대에 누워 하느님께 말씀드리거나 숲속에 들어가서 혼자서만 하느님과 교감하지 말라는 이유가 바로 여기에 있다. 물론 그렇게 할 수는 있다. 좋다. 하지만 하느님은 우리를 한 가족의 구성원으로 부르신다. 이는 온 가족이 저녁 식사를 함께한다는 규칙을 정하고 같이 친교를 나누는 것과 같다. 여러분은 그 규칙이 싫어서 반대할 수도 있다. 그래도 아버지는 여러분에게 말씀하신다. "미안하지만 네가 나를 사랑한다면 가족도 사랑해야지. 그러니 주일에 한 번은 집에서 식사해라. 너는 이 집의 식구니까." 하느님도 똑같이 그러신다. 그분이 말씀하신다. "나는 네가 적어도 일주일에 한 번은 집에서 가족들이랑 밥을 먹으면 좋겠다." 교회는 여러분의 가정이다. 우리는 함께 모여 한 가족으로 식사할 필요가 있다.

여러분은 하늘나라에서 무슨 일이 있을 거라고 생각하는가? 죽으면 영원토록 하느님을 바라본다고 생각하는가? 하늘나라가 그런 곳이면 나는 가고 싶지 않다. 그런 상태로 수백만 년쯤 살면 지겨워질 것이다. 하늘나라는 하느님이 우리를 사랑하시고 우리도 그분을 사랑하여 영원토록 서로를 사랑하는 공동체다. 앞에서도 말했지만 저주받은 자들에겐 교감이 없다. 만일 여러분이 지옥에 간다면, 하느님은 절대 못 하게 하시지만, 여러분은 영원히 외톨이로 살게 될 거다.

아빌라의 성녀 데레사는 하느님께서 보여주시는 지옥을 보고 나서 회심했다. 성녀가 말하길, 자신은 꼼짝도 할 수가 없었고 온몸이 불타고 있었다고 한다. 성녀가 할 수 있었던 것은 자기처럼 불타고 있는 사람들을 바라보는 것이 전부였는데 그들 가운데 누구와도 말을 나눌 수 없었다. 지독하고 끝없는 고독이었다.

빌리 조엘은 이렇게 노래했다. "성인들과 함께 우느니 죄인들과 함께 웃겠네." 거짓말이다. 성인들에게는 영원한 웃음이 있다. 그것을 '성인들의 친교'라고 한다. 우리는 언제까지나 함께 있어야 하는 존재들이다. 우리가 땅에서 서로 친교를 나눌 때 이미 하늘에서의 친교를 경험하고 있는 것이다.

예수님과의 친교는 우리 사이의 친교다. 지금 여러분은 투쟁 교회, 정화 교회, 승리 교회와 친교를 나누고 있다. 우리 모두는 한 몸이다. 여러분과 내가 영성체로 예수님을 모실 때, 그때 우리는 예수님과 함께 다른 모든 사람과 친교를 나누는 것이다.

여러분을 사랑하는 어떤 사람이 외국에 있다고 하자. 그와 멀리 떨어져 있다고 느끼지만 주일에 여러분이 영성체를 하고 그 역시 영성체를 한다면 여러분과 그 사람은 성체 안에 하나가 된다. 여러분의 부모님이 돌아가셨어도 성체를 모시는 순간 그들과 하나 되는 것이다. 초대교회가 친교의 삶에 전념했다는 말은 이런 뜻이다. 성체성사는 일치의 성사다.

이것이 우리를 초대교회의 네 번째 표지로 데려간다. 곧 빵을 나눔이다. 그들은 이것을 성체성사라고 했다. 친교의 삶은 미사와 성체성사 안에서 가장 잘 표현된다.

성사 생활은 우리가 하느님 뜻 안에 머무는 데 도움을 준다. 미사 참례는 우리의 습관이 되어야 한다.

초대교회가 그랬듯이 우리도 그래야 한다. 모든 미사는 살아있는 희생 제사다. 그리스도께서는 당신을 희생 제물로 바치셨다.

성체 안에서 여러분과 내가 하나 될 때 우리는 우리 생명을 살아있는 희생 제물로 바치는 것이다. 초대교회가 그랬듯이 우리가 빵을 나누며 자신을 봉헌한다면 우리는 예수님과 하나가 되고 또 우리 서로도 하나가 된다.

이 모든 것이 초대교회가 힘썼던 마지막 실천으로 우리를 데려간다. 기도가 그것이다. 우리를 하느님의 뜻 안에 있도록 해주는 으뜸 행위는 바로 기도다. 다른 방법이 없다. 우리는 날마다 기도 가운데 살아야 한다. 바오로는 말한다. "끊임없이 기도하십시오."1테살 5,17

기도에는 여러 방법이 있다. 가장 오래된 방법은 '예수 기도'다. "주 예수 그리스도, 하느님의 아드님, 죄인인 저에게 자비를 베푸소서." 이 기도를 여러분의 호흡으로 삼아라. 숨을 들이쉬며 "주 예수 그리스도"를 부르고, 숨을 내쉬며 "하느님의 아드님", 다시 숨을 들이쉬며 "죄인인 저에게" 다시 숨을 내쉬며 "자비를 베푸소서"라고 한다. 이것은 동방정교회의 전통적인 기도 방법이다. 그들은 '기도 매듭'이라고 하는 묵주를 돌리면서 기도한다. 호흡과 함께 기도하는 것이다. 그들은 이렇게 기도하며 잠자리에서 일어나고 이렇게 기도하며 잠자리에 든다. 하루에도 수천 번 수만 번 같은 기도를 드린다.

내가 하는 기도 방법은 하느님의 현존으로 나를 곧장 데려가는 한마디 말에 마음을 모으는 것이다. 그것은 '아빠abba'로, '아버지' 또는 '아빠'를 의미한다. '아빠'를 부르면서 나는 즉시 하늘 아버지 계신 곳으로 간다. 우리 모두에게는 궁극의 실재로 가도록 도와주는 말, 하느님의 현존으로 데려가는 말, 그분과 함께 있으면서 그분과 함께 시간을 보낼 수 있게 도움을 주는 한마디가 필요하다.

요약한다. 여러분이 성교회의 가르침을 완전히 받아들여 교회 공동체의 사랑스러운 가족으로, 성체성사에 몸 바친 사람으로, 기도의 사람이 되게 하라.

여러분이 이 책에서 하느님의 뜻을 식별하는 마법 같은 수단을 기대했다면 그런 것은 없다는 사실을 알았으면 한다. 하느님의 뜻을 알기 위해서는 예수님과 생생한 관계를 맺어야 하며, 그분께 완전히 항복하게 될 때 가능하다. 나는 여러분이 완전히 주님께 항복하기를 바란다. 아직 못 했다면 이 책을 다 읽기 전에 그렇게 하라. 아니면 괜히 시간 낭비만 한 셈이다.

여러분이 그렇게 하는 데 도움이 될까 싶어 마지막으로 이야기 하나를 해주겠다. <크레타에서 온 남자> 이야기다.

크레타는 그리스 해안에 있는 큰 섬이다. 그 섬에 크레타를 사랑하는 남자가 살고 있었다. 그는 크레타 포도나무와 크레타 올리브나무를 재배했다. 그 섬에서 태어난 아기에게 처음으로 입을 맞추는 사람은 언제나 그였다. 누가 죽으면 맨 먼저 달려오는 사람도 그였다.

그는 크레타 사람들을 사랑했고 크레타 사람들도 그를 사랑했다. 바야흐로 그가 아흔아홉 살이 되어 죽게 되었다. 본디 그에게는 아들들만 있었는데 여러 여자들이 서로 다투어 자기가 아흔아홉 살 된 남자에게 네 살 된 딸을 낳아주었다고 주장했다. 그가 딸과 열 아들과 손자 손녀들 그리고 증손들에게 말했다. "들어라. 나는 이제 죽는다. 이제 바깥에 나가 내가 평생 사랑한 크레타의 찬란한 햇살을 느끼고 싶구나." 그래서 착한 가톨릭교회의 자녀들답게, 자녀들은 그가 시키는 대로 했다.

그들이 그를 바깥으로 모시고 나가서 간이침대에 눕혔다. 그는 얼굴에 떨어지는 따스한 햇살과 머리카락을 스치는 바람을 느꼈다. 자기를 에워싼 친구들, 친지들, 손자 손녀들, 아들과 딸들을 둘러보자니 그는 더없이 행복했다. 그가 크레타의 흙을 한 줌 움켜잡고 생각했다. "이것이 내가 사랑한 모든 것이다." 그는 눈을 감고 마지막 숨을 거두었다.

그가 다시 눈을 뜨자 진주로 꾸며진 천국 문이 있는데 굳게 닫혀있었다. 그런데 갑자기 문이 열리더니 길고 검은 법복을 걸친 하느님이 안에서 나오셨다.

그분이 말씀하셨다. "너는 나와 사람들을 사랑했다. 어서 들어와 영원한 생명을 즐겨라." 그가 진주로 된 문을 향해서 걷기 시작하자 하느님이 그를 눈여겨보시며 물으셨다. "네 손에 있는 것이 무엇이냐?"

그가 대답했다. "크레타 흙입니다. 제가 평생토록 사랑한 크레타의 상징입니다."

하느님이 그를 바라보시며 말씀하셨다. "미안하지만 천국에는 더러운 손으로 들어올 수 없다. 그것을 버려라."

그가 말했다. "전 이걸 버릴 수 없습니다."

하느님이 말씀하셨다. "네가 나와 함께 천국에 들어가려면 그걸 버려야 해."

그가 말했다. "안 됩니다. 이걸 버릴 순 없어요. 못 합니다."

하느님이 말씀하셨다. "그러면 맘대로 하렴. 네가 원하면 얼마든지 갖고 있을 수 있으니까. 하지만 천국에는 못 들어간다."

그는 크레타 흙을 움켜잡은 채 천국 문 앞에 앉아있고 하느님은 슬픈 기색으로 천국에 들어가셨다. 그리고 문이 닫혔다.

하느님은 본디 참을성이 많은 분이시라, 며칠 뒤에 다시 문이 열리고 하느님이 나타나셨다. 이번에는 긴 양말에 헐렁한 반바지를 입고 깃털이 달린 모자를 쓴 바이에른 맥주 장인匠人 차림이었다. 하느님이 "랄랄랄라" 노래하며 말씀하셨다. "파티를 할 거다. 너를 위해서 말이야. 이제 집에 왔으니 영생을 즐기자꾸나."

그가 물었다. "크레타 흙을 가져가도 되나요?"

하느님이 말씀하셨다. "그건 안 돼. 미안하지만 그걸 가져갈 수는 없어."

그러자 그가 말했다. "그럼 안 들어가겠습니다."

하느님이 말씀하셨다. "좋다. 정 그렇다면 지옥으로 가거라." (하느님만이 이런 말씀을 하실 수 있다, 안 그런가?) 하느님은 다시 슬픈 기색으로 천국에 들어가셨고 문이 닫혔다.

여러분도 흙을 움켜잡고 있었던 적이 있는지 모르겠으나 어떤 사람이 그것을 오랫동안 움켜잡고 있다고 상상해 보라. 습기가 모두 증발한 흙이 마른 모래로 변해 손가락 사이로 빠져나가고 있는데도 기를 쓰고 붙잡고 있다. 마침내 마지막으로 천국 문이 열리고 하느님이 나타나셨다. 이번엔 서너 살쯤 돼 보이는 소년 예수의 모습이다. 하느님이 그에게 물으셨다. "뭘 하고 있니?"

그가 말했다. "날 좀 그냥 놔둬요. 그러면서 어떻게 당신이 사랑의 하느님이라는 겁니까? 진짜 사랑의 하느님이라면 내가 갖고 있는 한 줌밖에 안 되는 흙마저 버리라고 할 수 있겠느냐고요? 이건 내가 사랑했던 전부입니다. 하느님이 사랑이시라면 나한테 소중한 것을 버리라고 하시지 않을 거예요."

하느님이 그를 물끄러미 바라보시며 말씀하셨다. "글쎄, 그것이 내 눈에는 그냥 더러운 흙먼지에 지나지 않는데. 자, 먼지는 바람에 날려 보내고 이제 내 손을 잡고 집으로 들어가자."

크레타 사람은 자기 손가락 사이로 빠져나가는 모래흙을 바라보다가 더 이상 그것을 움켜잡을 수 없다는 사실을 깨달았다. 이윽고 그가 손을 폈다. 그러자 바람이, 하느님의 '루아흐ruah'가, 살아계신 하느님의 거룩하신 영이 불어와 흙먼지를 날려버렸다.

빈손이 된 그는 슬픈 마음으로 하느님의 손을 잡았다. 천국으로 들어가는 유일한 길인 그리스도께서 그의 손을 잡고 천국으로 이끄셨다. 그래도 그는 자기가 버려야 했던 것들이 생각나서 슬펐다. 그러다가 문득 눈을 들어 위를 보며 자기도 모르게 활짝 웃었다. 거기, 크레타가 있었다. 그가 사랑한 것들, 끝까지 함께 있고 싶었던 것들이 모두 거기 있었던 거다!

하느님께서 주시는 것을 받지 못하도록 여러분이 움켜쥐고 있는 것은 무엇인가? 여러분이 원하는 것은 무엇인가? 여러분은 하느님과 함께 모든 것을 갖고 있다. 하느님이 안 계시면 여러분은 한낱 한 줌의 먼지에 불과하다.

매해 재의 수요일이면 우리는 이런 말씀을 듣는다. "사람아, 너는 먼지이니, 먼지로 돌아갈 것을 생각하여라." 여러분은 죽을 것이다. 어떤 이들은 화장을 해 다른 사람들보다 더 빨리 재가 될 것이다. 장담한다. 여러분은 영원히 먼지로 남아있을 것이다. 그러나 예수 그리스도께 여러분의 먼지와 생명을 드리면 그분은 여러분의 생명을 받으시고 당신의 생명을 주실 것이다.

그리스도께서 지금 여기 여러분과 함께 계신다. 이것은 마술이 아니다. 진짜 현실이다. 그리스도께서 여러분에게 물으신다. "나는 너를 사랑하여 내 모든 것을 주었다. 너도 그렇게 하겠느냐?"

여러분이 예수 그리스도께 여러분의 삶을 완전히 항복시키지 않았거든, 그렇게 하기 전에는 이 책을 다 읽었다고 할 수 없다. 마음을 다하여 이 기도문을 바쳐라. 지금 그리고 영원히 그분께 항복하라. 그리고 기도하라. 그분이 기다리고 계시다.

주 예수 그리스도님, 저는 죄인입니다. 용서해 주십시오. 제 마음에 들어오십시오. 제 삶을 다스리시고 제 주인이 되어 주십시오. 저를 당신의 성령으로 가득 채우시고 당신 제자로 삼아주십시오. 주 예수 그리스도님, 당신을 사랑합니다. 영원히 당신께 항복합니다. 아멘.

이제 시작이다.

항복을 위한 발걸음

1. 기쁨의 삶을 살기로 결심하기
2. 산 제물이 되기
3. 요한 15,9을 묵상하고 말씀이 온몸으로 스며들게 하기
4. 현존하시는 하느님을 알아뵙게 해주는 말씀 찾기
5. 교회의 가르침에 자신을 바치고 교회 공동체의 가족이 되어 성체성사에 참여하고 기도하는 사람이 되기
6. 예수 그리스도께 온전히 항복하기!

도움이 되는 기도

〈식별을 위한 기도〉

주 하느님, 저는 어디로 가야 할지 모릅니다.
제가 가야 할 길을 보지 못하고,
이 길이 어디에서 끝나는지도 모릅니다.
저에 대해서도 아는 것이 없습니다.
제가 당신 뜻을 따른다고 생각하지만
실제로 그런 건 아닙니다.
하지만 당신을 기쁘게 해드리려는
제 마음을 보시고 기뻐하시리라 믿습니다.
저는 무슨 일을 하든지 그런 마음으로 하고 싶습니다.
그렇게만 한다면 비록 그 길에 대하여 아무것도 모르지만,
당신은 저를 바른길로 인도하실 것이라고 생각합니다.
그러니 죽음의 골짜기에서 길을 잃은 것 같더라도
당신만을 믿고 의지하겠습니다.
두려워하지도 않겠습니다.

당신이 저와 함께 계시고

위험한 일을 혼자 겪게 내버려 두지 않으실 테니까요.

아멘.

– 토머스 머튼